健康経営・
ヘル[illegible]
ビュー[illegible]
研究

Health Management, Health Care, and Beauty Research

[編著]
新井　卓二

[著]
北田　千晶
加藤大一朗
水越　真代
鈴木　歩弥
磯野　彰彦
石川　文子

同友館

はじめに

新井研究室（ホームページ https://arailabo.com/、FB ページ https://www.facebook.com/AraiLabo/）では、【健康経営】を主に、【ヘルスケア】、【ビューティ】に関わる研究を、有識者や専門家と行っています。

本書はそれらの活動を基に、直近２年以内に論文化された研究成果を一冊にまとめたものとなります。章立ては、【健康経営】から全５章となり、第１章に「野菜摂取量とワークパフォーマンス関連指標の研究」と題し、カゴメ株式会社で管理栄養士の北田千晶氏から紹介します。第２章に「「健康経営」は人材採用・職場定着に効くのか？」と題し、パーソルワークスデザイン株式会社の加藤大一朗氏から、第３章には「中小企業の健康経営推進」と題し、独立産業保健師の水越真代氏から、第４章は「産官学健康経営企業訪問プロジェクトに参加して」と題し、昭和女子大学の OG の鈴木歩弥氏とキャリア支援センター長の磯野彰彦氏から、第５章では「地方自治体における健康経営の取り組み」と題し、新井から紹介します。

また、【ビューティ】から第６章として「女性の髪の長さを決めるもの」と題し、山野美容芸術短期大学の石川文子氏から紹介していただきます。

研究論文はえてして読みにくいものです。そこで本書では平易な話し言葉等に変更し、一部構成も変更し、一般の読者でも読みやすくしております。興味がある章から読んでいただいても OK ですが、本書の多くを占める【健康経営】については、前提として、序章の「健康経営の現状」を、初歩の知識として一読してから進める方が、理解の助けになることでしょう。それにこだわることもなく、ぜひ皆様も興味のおもむくままにページをめくっていただけても嬉しく思います。読者の皆さまの知的好奇心を少しでも刺激できれば幸いです。それではご覧ください。

著者代表　ビューティ＆ウエルネス専門職大学
教授　新井卓二

目 次

序章

健康経営の現状

新井 卓二

序章

健康経営とは、経済産業省のホームページによると「従業員等の健康管理を経営的な視点で考え、戦略的に実践すること」[1)] とされています。企業理念に基づき従業員へ法律の定めを越える健康投資を行うことは、従業員の活力向上や生産性の向上等の組織の活性化をもたらし、結果的に業績や株価の向上につながると期待されています。

健康経営の歴史は浅く、1992年に出版された「The Healthy Company」[2)] のなかで、著者である経営学と心理学の専門家であるロバート・ローゼン氏が同義の概念を提唱したことが発端とされています。そして日本には2006年に元大阪ガス株式会社の産業医である岡田邦夫氏がNPO法人健康経営研究会[3)] を発足させ、日本に持ち込まれました。

普及の始まりは、2010年になると経済産業省において、「医療費の削減」を目標に、「健康寿命の延伸」のため「健康会計（仮称）」を提唱したことです。さらに同年健康経営と名がつく初めての書籍「会社と社会を幸せにする健康経営」[4)] が発刊されます。その後2015年に、現在（2024年度で10年目）まで毎年続いている上場企業を対象とした顕彰制度の健康経営銘柄[5)] が、経済産業省と東京証券取引所の共催で開催されています。さらに2017年からは、経済産業省と日本健康会議[6)] の共催で、上場企業を含む医療法人や未上場企業も対象にした新たな顕彰制度である健康経営優良法人[7)]（大規模法人部門と中小規模法人部門）

が開始されました。さらに、優良法人認定の上位500社にそれぞれホワイト500、ブライト500の冠が付与されることになり、直近2023年度での申請数は下記の通りとなります。

表　顕彰制度の健康経営度調査[8)]への回答数（著者改変）

年度	上場企業	大規模法人	中小規模部門
2014	493		
2015	573		
2016	608	726	397
2017	718	1,239	816
2018	869	1,800	2,899
2019	964	2,328	6,095
2020	970	2,523	9,403
2021	1,058	2,869	12,849
2022	1,128	3,169	14,401
2023	1,203	3,523	17,316

表の通り、毎年申請数は順調に増加しており、大規模法人部門で、2022年比で＋354件の3,523件（前年度比約11％増）、内上場企業は＋76件で1,203件（前年度比約7％増）となりました。中小規模法人部門は＋2,915社の17,316社(前年度比約20％増)となりました。また無料だった申請料(税込)も、2022年から大規模法人部門88,000円、中小法人部門15,600円がかかるようになりましたが、申請数、認定数ともに増え続けています。

上場企業では全数約3,800社の内3割強が、また日経

225の日本を代表する大企業では8割強が健康経営度調査票に回答[8]しています。上場企業においては、随分と浸透しており、健康経営に取り組む、または別の取り組みを推進する等ハッキリと分けられてきた印象を持っています。またこれらは株主総会等も経ておりますので、逆説的になりますが、少なくとも株主からも指摘される戦略、株価が下がる（企業価値が低下）取り組みとはなっていないようです。元気で生き生きとした社員が増えることは、株主の多くも、感覚的に企業価値向上に好影響を与えていると推察されます。

次に中小規模法人部門でみると2023年17,316件は、総務省と経済産業省による2021年の経済コンセンサス－活動調査では、1人以上雇っている中小企業は約178万社となっておりますので約1%となっており、大企業に比べると浸透は遅いといえるでしょう。しかし2023年度の認定率でみると、大規模法人部門で約85%（2,988件）、中小規模法人部門（16,733件）で約97%となっており、大規模法人と比較すると中小規模法人の方が認定されやすい、また取り組みやすい戦略になっているようです。

さらに健康経営度調査回答法人の継続回答は約80%で推移し、離脱率も年々減少し現在は約10%となっています[8]。これは、健康経営度調査票が毎年改訂されているなかで、また多くの企業にとって、ここ10年で働き方やコロナ等の社会・環境変化、Well-beingや人的資本経営等流行の経営戦略の変化を経ても、健康経営だけは推進していることが伺えます。つまり企業にとって重要な経営戦略等の施策になっていることが推察されます。そして基本1業種1社等の条件がある上場企業を対象とする健康経営銘柄企業の2022年度を除き、すべての部門の認定数が増え続けています。現在多くの企業がここ数年で取り組み始めており、健康経営は日本企業にとって、取り組みやすい企業戦略にあるともいえます。

健康経営の効果

取り組んだ企業にとって健康経営にはどのような効果があるかと考えると、経済産業省では下記の効果を示しています。

特徴としては、健康経営に関わる費用はコストではなく投資であり、リターンが期待できる点が挙げられます。最初は人的資本に対する投資（従業員への健康投資）を行うことによって、企業への効果（リターン1）として従業員の健康増進・従業員の活力向上が起こり、離職率の低下や優秀な人材獲得などのリクルート効果をもたらします。さらには、組織の活性化や、日本の課題である生産性向上といったモチベーションのアップ、イノベーションが起こる可能性、また、これらによる業績や株価、企業価値の向上まで期待できるのです。その後社会への効果（右下／リターン2）にも派生し、①国民の健康増進、②持続可能な

図　「健康経営」とは

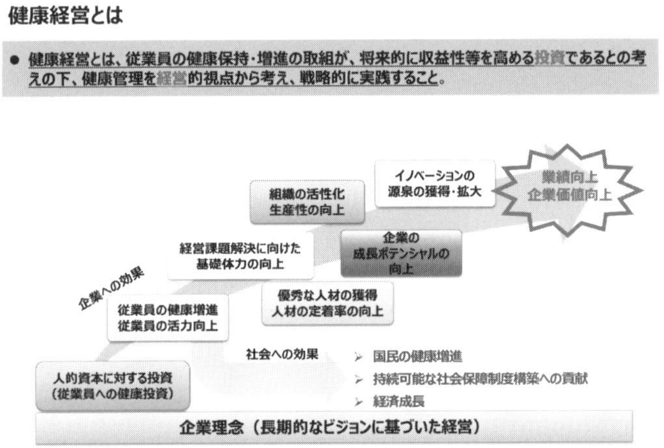

※経済産業省ホームページ「健康経営の推進について」[9)]

社会保障制度構築への貢献、③経済成長が期待されています。

1） 経済産業省ホームページ，健康経営，https://www.meti.go.jp/policy/mono_info_service/healthcare/kenko_keiei.html
2） ロバート・ローゼン（宗像恒次監訳）（1994）ヘルシー・カンパニー人的資源の活用とストレス管理．産能大学出版部
3） 特定非営利活動法人 健康経営研究会 ホームページ，http://kenkokeiei.jp/
4） 田中滋・川渕孝一・河野敏鑑（編集）（2010）『会社と社会を幸せにする健康経営』勁草書房
5） 経済産業省ホームページ，健康経営銘柄 http://meti.go.jp/policy/mono_info_service/healthcare/kenko_meigara.html
6） 日本健康会議データポータル http://kenkokaigi-data.jp/（2021 年 8 月 19 日参照）。この団体は，少子高齢化が急速に進展する日本

において，国民一人ひとりの健康寿命延伸と医療費適正化について，行政のみならず，民間組織が連携し実効的な活動を行うために組織された活動体である。

7） 健康経営優良法人認定制度，日本健康会議データポータル，http://kenkokaigi-data.jp/company/（2021 年 8 月 19 日参照）

8） 経済産業省ホームページ，健康・医療新産業協議会 第 10 回健康投資 WG 事務局説明資料 https://www.meti.go.jp/shingikai/mono_info_service/kenko_iryo/kenko_toshi/pdf/010_02_00.pdf

9） 経済産業省ホームページ，健康経営の推進の概要について，2022 年 6 月，https://www.meti.go.jp/policy/mono_info_service/healthcare/downloadfiles/kenkokeiei_gaiyo.pdf

ホームページ https://arailabo.com/、FB ページ https://www.facebook.com/AraiLabo/

第1章

野菜摂取量とワークパフォーマンス関連指標の研究

北田 千晶

01

1 なぜカゴメが健康経営に？ —野菜の新たな可能性—

カゴメ株式会社（以下、カゴメ）は、主に食品の製造・販売や、種苗・青果物の仕入れ・生産・販売を行っている会社です。そこで培った知見・科学的根拠を活かし、2018年より法人・自治体を通じて健康増進をサポートする事業も展開しています。

カゴメは長期ビジョンとして「**トマトの会社から野菜の会社に**」を掲げています[1)]。健康寿命の延伸・生活習慣病予防などのために野菜が必要とされていますが、全世代、特に勤労世代において野菜摂取量が不足しているのが現状です[2,3)]。

そこでカゴメは、**野菜摂取への行動変容をサポートする健康サービス**の提供等を通じ、**日本の野菜不足をゼロ**にすることで、**健康寿命の延伸**や農業振興・地方創生などの社会課題の解決を目指しています[1)]。

これまで野菜摂取の主な意義の一つとして生活習慣病予防があり[4)]、また野菜摂取量を増やすという努力の多くも個人に委ねられていました。しかし、「病気にならないように野菜を摂りましょう」と啓発するだけでは、人々の行動を変えるのはなかなか難しいことも事実です。もっと世の中の人に野菜を食べてもらうためにはどのような情報や仕組みがあれば良いのでしょうか？生活習慣病予防だけにとどまらない野菜摂取の新たなメリットが普及し、社会全体で野菜摂取量を増加させる仕組みを構築することが必要です。管理栄養士として、研究者として、人々が野菜を摂りたくなるような新たな可能性を探るべく、私たちは野菜摂取量と仕事のパフォーマンスとの関連を研究してみました[5]。本章を通じて、生活習慣病予防だけでなく**生産性をはじめとする仕事のパフォーマンス指標との関連等、新たな野菜摂取の意義が広く普及し**、“無意識のうちに野菜摂取量が増えており、世の中の人々が健康になっている”社会を構築する一助になれば幸いです。

2 健康経営とその指標

2-1 ▶ 健康経営のあゆみと期待

日本では少子高齢化に伴い、生産年齢人口の減少、企業の人材不足が大きな社会課題となっています。企業においても従業員一人当たりの労働生産性の上昇、健康寿命の延伸、働き方改革への対応が必至となっており、従業員等の健康管理を経営的な視点で考え、戦略的に実践する「健康経営」が推進されています[6]。

本書の「序章　健康経営の現状」で新井氏が述べているように、健康経営にかかる費用は単なるコストではなく、人的資本への投資ととらえるようになってきました。日本においても**投資利益金額の少なくとも３倍以上の収益が**

得られるなど以前の米国の研究を上回る利益でした[7,8]。このように近年、健康経営の意義が世の中に浸透し始めたことにより、健康経営銘柄、健康経営優良法人（ホワイト500・ブライト500）の認定を目指して企業間の競争が年々増加しています[9,10]。

従業員の**健康リスクが多くなるほど生産性が低下する**という研究結果もあります[11]。働く世代の健康維持・増進および生産性の向上は、企業や組織にとって大きな経営課題であるとともに、働く世代は、生活習慣病を発症するリスクの高い集団であり、**職域における健康維持・増進への働きかけが強く求められている**のです[7]。

2-2 ▶ 健康経営に関する指標

2023年度からホワイト500の認定要件として、プレゼンティーイズム（従業員が健康な状態ではないにも関わらず、出勤して仕事をしていること）を始めとした**従業員パフォーマンス指標及び測定方法の開示が必須**となりました[12]。このように健康経営度調査票においては、どのような施策を行ったのかといったプロセス評価に加え、アウトカム評価も重視されるなど評価方法は成果主義になってきています。

最新の研究では**野菜摂取量が多い従業員はパフォーマンス指標も良い**ことが分かってきました[5]（参照：4節「あなたの知らないワークパフォーマンスと野菜の話」）。しかし、健康経営度調査ではさまざまな角度から健康経営に関する指標について評価が行われている一方で、健康経営における野菜摂取の重要性はあまり認知されておらず、野菜摂取増加の取り組みは必須要件にはなっていません[12)]。将来的には、健康経営の一環としての野菜の重要性を広く認知してもらうことで、職域における野菜摂取に関する積極的な行動変容の働きかけの増加・日本人の野菜摂取量増加を通じて、従業員の労働生産性の向上、ひいては国民医療費の削減の一助となることが出来れば幸いです。

2-3 ▸ ウェルビーイング経営

ウェルビーイング（Well-being）という言葉が注目されています。ウェルビーイングとは身体的・精神的・社会的にも良好な状態[13)]とされており、日本政府は成長戦略実行計画において「一人一人の国民が結果的にWell-beingを実感できる社会の実現を目指す。」としています[14)]。加えて健康経営の新展開としてウェルビーイング経営という言葉が提唱されており[15)]、今後ますますウェルビーイングに対する注目も高まってくることが予想されます。

3 健康経営と食生活

3-1 ▸ 健康をつくる３つの指標　睡眠・運動・食事

従業員の生産性向上において健康が重要であることは分

かりましたが、ではどのように健康づくりを行えば良いのでしょうか？身体及びこころの健康を保つための三要素は、適度な「**運動**」、バランスの取れた「**栄養・食生活**」、心身の疲労回復と充実した人生を目指す「**休養**」の３つの要素とされています[16]。その中でも実践に知識を必要とする食事に注目していきましょう。

3-2 ▶ なぜ健康経営において食生活改善が必要なのか

先述にも従業員の健康リスクが多くなるほど生産性が低下するという研究結果[11]があるように、**従業員の生活習慣を改善することは健康経営において非常に重要です。**

例えば、メタボリックシンドロームは労働生産性の低下と関わっていますが[17]、メタボリックシンドロームの予防には**バランスの良い食生活が重要です**[18]。加えて**メタボリックシンドロームと長時間労働との関連も分かってきました。**年間残業時間が500時間以上の人ほどメタボリックシンドローム発生頻度が高くなるという報告があります[19]。その発生機序として長時間労働が食習慣や運動習慣に影響を与えているためであると、この論文の著者である宗像らは指摘しています。

さらに**長時間労働が睡眠と食事に影響をもたらす**ことや、**食事時間の不規則さが職場のメンタルヘルスの悪化に関与している**[20]ことも研究から明らかになってきました。長時間労働の際には、特にオフィスで働く時間が長くなり、夕食の時間が遅くなることや、栄養バランスが悪化すること、さらには就寝時間も遅くなってしまうことは想像に難くありません。長時間労働の際には、自宅以外の場所で栄養バランスを取る必要性が出てきます。外食や中食では食材の選択が限られており、主体的に栄養バランスをとるのは難しいのではないでしょうか。実際に農林水産省の調査でも「栄養バランスのとれた食事を実践したい」と回答した割合が最も高い一方で、実際に栄養バランスの目安である主食・主菜・副菜を組み合わせた食事を摂れている方はやや低下傾向であると報告があります。「副菜を摂れていない」と回答した方が最も多く、栄養バランスに配慮した食事を摂るためには「時間があること」「手間がかからないこと」が挙げられています[21)]。

このように、**食事時間を規則正しくとることや、栄養バランスをとることについて、従業員個人の努力だけでは限界がある**ことが現状です。健康経営推進のためには、**企業が主体となって従業員にバランスの良い食事を摂ってもらうための知識の習得や環境整備**を行う必要が出てきます。野菜とメタボリックシンドローム等の疾病との関係について詳しくは後述しますが、仮に職場の環境整備の一環として、オフィスに野菜を常備するなど、自宅以外でも野菜を摂ることが当たり前になれば、栄養バランスの改善につながり、食事時間の改善やメタボリックシンドロームの発生頻度の低下が期待できるのではないでしょうか。

3-3 ▶日本人に不足しがちな栄養素を多く含むのは野菜、しかしほとんどの方が野菜不足

「野菜は身体に良い」という言葉を、皆さんも一度は聞いたことがあるのではないでしょうか？なぜ野菜は身体に良いのかまで説明しなさい、と言われると少し言葉に詰まる方もいらっしゃるかもしれませんね。実は野菜は日本人に不足しがちなビタミンやミネラル・食物繊維を多く含んでいるから[4)]というのが大きな理由の一つです。

世界中の研究において、野菜及び果実の摂取は、がん[22)]、循環器疾患[23,24)]、肥満[25,26)]などのさまざまな生活習慣病の予防に有効である可能性があるとの研究報告が多くなされています。特に緑黄色野菜に含まれる色素の一つである**カロテノイドを多く摂取する方では、循環器系疾患が少なく、メタボリックシンドロームの方も少ない**[28)]ことが示唆されています。

しかし、「健康日本21（第三次）」において、**生活習慣病予防のために必要な1日の野菜摂取量の目標値は350 g**と定められていますが[3)]、日本人の野菜摂取量の平均値は約280 g**とまだまだ野菜が足りていない**状況です。特に50代以下の勤労世代で野菜摂取量が少ない傾向にあります[2)]。働き盛りの30､40代を対象とした意識調査では、**野菜が摂れていると思っているビジネスマンのうち95%が野菜不足でした**[29)]。勤労世代は生活習慣病を発症するリスクの高い集団であり、特に職域において野菜摂取量増加

施策が求められています。

4 あなたの知らないワークパフォーマンスと野菜の話

4-1 ▶ 野菜と健康経営に関する世界の研究

これまで、野菜摂取の主な意義といえば生活習慣病の予防でした。しかし、最近になって**野菜・果物の摂取とストレス**[30]、プレゼンティーイズム[31]、ウェルビーイング[32]といったように**健康経営や仕事のパフォーマンスに関わる指標との関連**も分かってきたのです。ここでは野菜と健康経営に関する指標について世界の研究を3つご紹介します。

1 野菜摂取量とストレス度との関係

オーストラリアの成人8,689人を対象として食事調査やアンケート調査を行った研究では、45歳以上65歳未満の方で**野菜摂取量が多い方ほどストレス度が低い**ことが分かってきました[30]。

2 野菜摂取頻度とプレゼンティーイズムの関係

プレゼンティーイズムとは心身の不調によってパフォーマンスが発揮出来ない状況のこと[33]であり、実は生産性損失の大部分をプレゼンティーイズムが占めると言われています[34]。オランダの勤労者約1万人を対象とした研究では、野菜・果物不足の方では30%以上プレゼンティーイズムによって労働生産性が低くなるリスクが1.22倍である[31](要するに**野菜・果物不足だと労働生産性が低くなるリスクが高い**)ことが分かっています。このように野菜摂取と労働生産性に関連する指標との関連を検討した研究が海外ではいくつか出てきています。

3 野菜摂取量の増加とウェルビーイングの関係

オーストラリア・ニュージーランドの研究では、**野菜・果物の摂取量増加がウェルビーイングの向上に寄与**する[32]ことが指摘されています。この研究では野菜不足の若者171名を3つのグループに分けました。

①1日1回心理状態を報告するグループ
②1日1回心理状態を報告＋野菜・果物の摂取を促すメッセージを受け取る＋野菜・果物クーポンを提供したグループ
③1日1回心理状態を報告＋通常の食事に1日あたりプラス2皿分の野菜・果物を提供し食べたグループ

すると2週間後、③の通常の食事に野菜・果物をプラス2皿食べたグループで、ウェルビーイングの改善が見られたのです。このことよりウェルビーイングの改善を期待するのであれば、**情報提供のみにとどめるのではなく、実際に従業員の野菜・果物摂取量を増やす施策の実施**が大事だといえるでしょう。

4-2 ▶ 野菜が足りている人はワークパフォーマンスが良い

世界の研究から野菜・果物の摂取がワークパフォーマンスに関連する指標と関係がありそう、というところまでは分かってきたものの、日本人を対象とした研究はあまりありませんでした。そこで我々は、国内のさまざまな業種の会社（7社9事業所）の従業員980人を対象に、野菜摂取量とワークパフォーマンスに関わる指標について研究を行いました[5)]。ここではワークパフォーマンスに関わる指標として①プレゼンティーイズム、②ウェルビーイング、③ヘルスリテラシーについて野菜摂取量との関連を調べてみたところ、以下のようなおもしろい結果が出てきたのです。

1 ベジチェック® を使用して手のひらの皮膚から野菜摂取量を推定

さて、「4-1　野菜と健康経営に関する世界の研究」でいくつかの研究をご紹介しました。これらの研究では野菜・果物の摂取頻度をアンケートで聞くことで野菜・果物の摂取量を評価しているものが多いのですが、この方法の難点は対象者の記憶や主観の影響を受けることでした。

今回の研究では、手のひらの皮膚に蓄積したカロテノイド（主に緑黄色野菜に含まれる色素の一種）量を推定野菜摂取量として評価しました。先行研究においても真皮のカロテノイド量は野菜摂取量を反映している可能性があり、循環器系疾患やメタボリックシンドロームとの関連が示唆されています[28)]。この方法を用いることで、対象者の記憶に依存しない形で野菜摂取量の評価を行うことが出来ました。今回使用したベジチェック®という機械では、20～30秒ほど手のひらに光を当てることで、皮膚に蓄積したカロテノイド量を測定します[35)]。この方法で血液などを採取することなく、非侵襲的に2～4週間前の野菜摂取量を推定しました。そこで得られた結果から、1日の野菜摂取目標量である350 gを基準に、350 g/日未満の方を「野菜不足群」、350 g/以上の方を「野菜充足群」と層別し、両者の仕事のパフォーマンスに関連する指標を比較しました。

2 パフォーマンス指標に関するアンケート調査

対象者の属性・生活習慣・仕事のパフォーマンスに関連する指標についてアンケート調査を行いました。具体的な設問は次の通りです(性別、年齢、結婚の有無、世帯構成、身長、体重、喫煙習慣、飲酒習慣、運動習慣、睡眠の質、疾病の有無(メタボリックシンドローム、高血圧症、糖尿病、脂質異常症、肥満)、不定愁訴の有無、ヘルスリテラシー、プレゼンティーイズム(SPQ)、ウェルビーイング(幸福度)等)。

3 研究の結果―対象者の属性―

対象者のうち男性は588名(60.0％)、女性は392名(40.0％)でした。男性と比較すると、女性の方が有意に野菜充足群の割合が高い結果となりました($p<0.05$)(**表1**)。

表1　男女別　推定野菜摂取量の比較

男性全体			女性全体			
推定野菜摂取量	n	割合（%）	推定野菜摂取量	n	割合（%）	*p*
150 g	191	32.5	150 g	75	19.1	< 0.001
175 g	176	29.9	175 g	80	20.4	
250 g	92	15.6	250 g	66	16.8	
300 g	72	12.2	300 g	67	17.1	
ほぼ350 g	19	3.2	ほぼ350 g	40	10.2	
350 g 以上	38	6.5	350 g 以上	64	16.3	
	n	割合（%）		n	割合（%）	*p*
野菜不足群	531	90.3	野菜不足群	288	73.5	< 0.001
野菜充足群	57	9.7	野菜充足群	104	26.5	

Welch t 検定
（出典）北田千晶・信田幸大・新井卓二（2023）[5] より引用

4　研究の結果―プレゼンティーイズム―

●野菜摂取量が多い女性はプレゼンティーイズムが低くパフォーマンス発揮度が高い

仕事のパフォーマンス発揮度をプレゼンティーイズムから算出しました。**図1**をご覧ください。数値が高い方がプレゼンティーイズムが低く、パフォーマンスが発揮できています。**野菜が足りている女性**（推定野菜摂取量350 g/日以上の方）では、**野菜不足の方と比べてパフォーマンス発揮度が有意に高い**結果となりました（$p<0.05$）。

なぜ女性のみプレゼンティーイズムによるパフォーマンス発揮度に差があったのでしょうか。考察として、女性では健康に対する意識が高いことや、食事選びにおいて選択権を担っていることが多く、自身の体調や野菜摂取量を把

図１ 男女別・推定野菜摂取量別のパフォーマンス発揮度の平均値

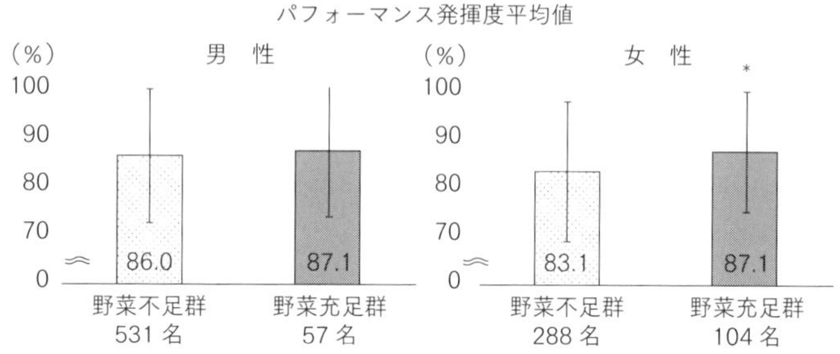

・調査機関：2021年10月～12月
・対象人数：980名
・プレゼンティーイズム(SPQ)を使用
・Welch-t検定　*：$p<0.05$

（出典）北田千晶・信田幸大・新井卓二（2023）[5] より引用・作図

握する機会が多いため、野菜摂取をはじめとする生活習慣がパフォーマンス発揮度に影響を与えたのではないか、と筆者らは考えています。農林水産省[36] や内閣府[37] の調査でも女性の方が生活習慣病の予防や健康づくりのための食生活について関心が高く、生活習慣病の予防や改善に関する実践割合及び、食事の準備を担う割合が高いという報告があります。また、研究を行っていくうえで実施企業の健康管理担当者からも「(女性と比較して男性の方が）自分の体調に無自覚。」「所定外労働が多い社員や現場作業員は男性が多く、これらの従業員は仕事のコントロールができないため、自分の健康に意識を向ける余裕がないように感じる。」とコメントがありました。これらの知見からも男性の方が自身の健康、ひいては自身の体調に関心が低く、労働生産性の低下に気がついていない可能性があるのかもしれません。今後の健康教育の介入により従業員自身の体調把握能力の向上が見込まれた場合、野菜摂取がプレゼンティーイズムをはじめとした仕事のパフォーマンスに与える影響の予測因子の一つになりえる可能性に期待できるのではないでしょうか。

●プレゼンティーイズムが高くパフォーマンス発揮度が低い人の特徴は野菜不足

ここまでの結果を見て、次のような疑問がわいてくる方もいるのではないでしょうか。

「仕事のパフォーマンスは野菜が足りているかよりも、ストレスなど他の生活習慣の影響があるのでは？」

そこで、性別や年齢、飲酒、喫煙、ストレス、残業時間、メタボ等の疾病など**他の生活習慣の影響を加味した上で、野菜が足りているかどうかが、パフォーマンス発揮度に影響があるのか**について調べてみました。プレゼンティーイズムから算出したパフォーマンス発揮度が90％以上発揮できている方と、90％未満しか発揮できていない方の生活習慣(注)上の特徴をロジスティック回帰分析という方法で比べてみました。

（注）比較した生活習慣：性別、年齢、世帯人数、結婚の有無、BMI、肥満リスク、喫煙リスク、飲酒リスク、運動リスク、睡眠リスク、ストレス、野菜の充足、不定愁訴の有無、１か月あたりの平均残業時間、メタボリックシンドロームの有無、糖尿病の有無、高血圧の有無、脂質異常症の有無。

図２　パフォーマンス発揮度が低い方の特徴及び生活習慣リスク比

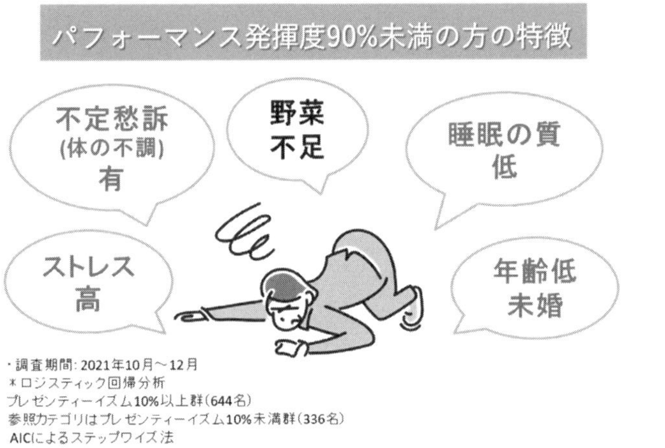

・調査期間: 2021年10月～12月
＊ロジスティック回帰分析
プレゼンティーイズム10%以上群(644名)
参照カテゴリはプレゼンティーイズム10%未満群(336名)
AICによるステップワイズ法

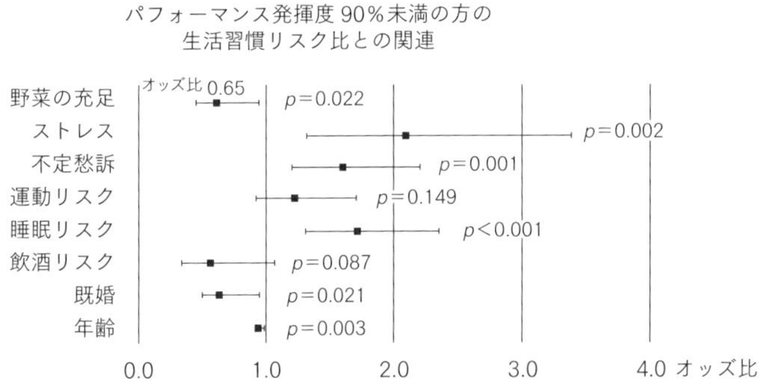

調整変数：性別、世帯人数、BMI、肥満リスク、喫煙リスク、メタボリックシンドロームの有無、高血圧の有無、糖尿病の有無、脂質異常症の有無、残業時間

（出典）北田千晶・信田幸大・新井卓二（2023）[5] より引用・作図

やはり、他の生活習慣（注）の影響を考慮した上でも、ワークパフォーマンスが90％未満しか発揮できていない方では野菜不足の方の割合が有意に多い結果となりました（*p*

図3　男女別・推定野菜摂取量別の幸福度の平均値

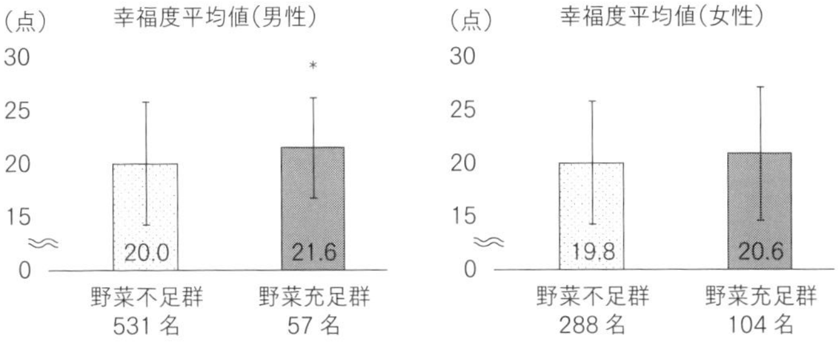

・調査期間：2021年10月～12月
・対象人数：980名
・主観的幸福感(SWLS)を使用
・Welch-t 検定　*：p<0.05

（出典）北田千晶・信田幸大・新井卓二（2023）[5] より引用・作図

＜0.05）（**図2**）。

5 研究の結果―ウェルビーイング―

●野菜摂取量が多い男性はウェルビーイングが高い

今回の研究ではウェルビーイングの指標として幸福度を調査しました。**野菜が足りている男性**（推定野菜摂取量350 g/日以上の方）では、**野菜不足の方と比べてウェルビーイング（幸福度）が有意に高い**結果となりました（$p<0.05$）（**図3**）。

●ウェルビーイングが高い人の特徴は野菜が足りていること

ウェルビーイング（幸福度）が高い方と低～普通の方の生活習慣（p.23注を参照）を比べました。他の生活習慣の影響を考慮した上でも、**ウェルビーイング（幸福度）が高**

図4　ウェルビーイング（幸福度）が高い方の特徴及び生活習慣リスク比

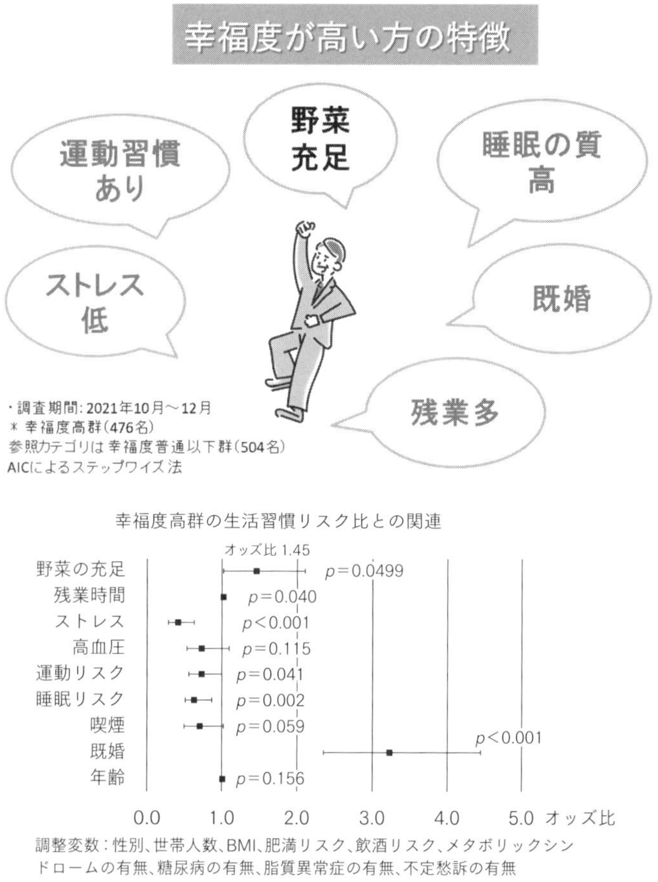

（出典）北田千晶・信田幸大・新井卓二（2023）[5] より引用・作図

い方では野菜が足りている方の割合が有意に多い結果となりました（$p<0.05$）（図4）。

なぜこの野菜摂取量が多いとウェルビーイングが高いの

か？先述の1日2皿分野菜・果物を与えるとウェルビーイングが向上したという報告[32]や、野菜・果物の消費量が増えると24ヶ月以内に幸福度や生活満足度が改善した等の縦断的な先行研究などで、野菜に含まれるビタミンB12や葉酸などの栄養素がヒトのセロトニン産生に影響を与えている可能性があると述べている研究[38]もあります。現時点では可能性にすぎませんが、このように野菜に含まれるビタミンやミネラル等の栄養成分が幸福度に影響を与えている可能性もあるため、今後のさらなる介入研究が待たれますね。

6 研究の結果―ヘルスリテラシー―

●野菜摂取量が多い男性はヘルスリテラシーが高い

最後にヘルスリテラシーを比較しました。ヘルスリテラシーとは健康情報を入手し、活用する力のことです。**野菜が足りている男性**（推定野菜摂取量350g/日以上の方）では、**野菜不足の方と比べてヘルスリテラシーが有意に高い**結果となりました（$p<0.05$）（**図5**）。

以上により、性差はあるものの、生活習慣病予防などの産業衛生としての野菜摂取の意義に加え、**野菜摂取量が多い方は仕事のパフォーマンスに関する指標が良い**など、今回新たな野菜摂取の意義も明らかとなってきました。

図5　男女別・推定野菜摂取量別のヘルスリテラシー平均値

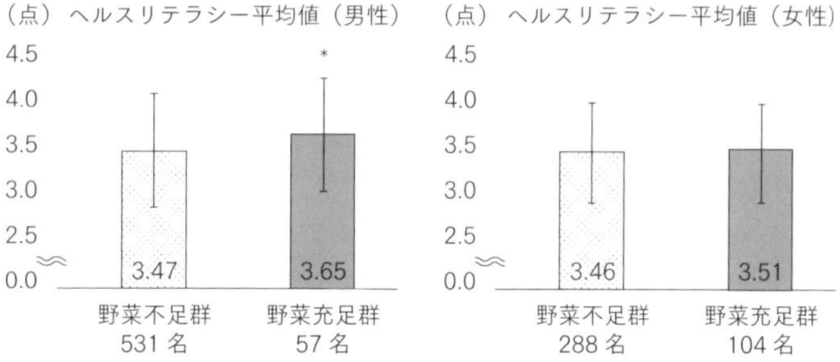

・調査期間：2021年10月～12月
・対象人数：980名
・伝達的・批判的ヘルスリテラシー尺度（CCHL）を使用
・Welch-t検定　＊：$p<0.05$

（出典）北田千晶・信田幸大・新井卓二（2023）[5] より引用・作図

5　まとめ

このように**野菜摂取量が多い方ほど、仕事のパフォーマンスに関連する指標（プレゼンティーイズム、ウェルビーイング、ストレス、ヘルスリテラシー等）が良い**ことが世界中の最新の研究で明らかになってきました。情報提供のみにとどまらず、野菜を提供することで指標の改善が見られる報告もあることから、「従業員の食事に介入する」「従業員が野菜を摂取する環境を整える」必要性があるなど、野菜摂取量増加施策を行う場合のポイントも見えてきました。施策を行うにあたっては、目標に対して自身の（または自身の会社の）現在地を知ることが重要です。施策を行う前に、まずは皆さん自身がどれくらい野菜を摂れているのか、**「野菜摂取量を見える化する」ことから始めてみても良いのではないでしょうか。**

少子高齢化による労働人口減少や国民医療費の上昇など、企業や社会にとって明るいニュースばかりではないのが現状です。今を生きる私たちだけでなく、これからの未来に生きる子どもたちにとって、安心して活き活きと暮らせる未来を実現するためにも、企業の環境整備の一環として（従業員の生活習慣の改善の中でも特に）野菜摂取増加施策を行う重要性が幅広く周知され、従業員の労働生産性の向上、ひいては国民医療費の削減の一助となることが出来れば幸いです。

参考文献

1）カゴメ株式会社ホームページ，https://www.kagome.co.jp/company/about/message/，（2023年12月24日参照）

2）厚生労働省「令和元年　国民健康・栄養調査」，https://www.mhlw.go.jp/stf/newpage_14156.html（2023年12月3日参照）

3）厚生労働省「健康日本21（第三次）」，https://www.mhlw.go.jp/stf/seisakunitsuite/bunya/kenkou_iryou/kenkou/kenkounippon21_00006.html（2023年12月3日参照）

4）e-ヘルスネット「野菜、食べていますか？」，https://www.e-healthnet.mhlw.go.jp/information/food/e-03-015.html（2023年12月3日参照）

5）北田千晶・信田幸大・新井卓二（2023）「野菜摂取量と健康経営評価指標における関連性の検討」『産業ストレス研究』30巻3号，pp.303-313

6) 経済産業省「健康経営とは」, https://www.meti.go.jp/policy/mono_info_service/healthcare/kenko_keiei.html (2023 年 12 月 3 日参照)
7) 津野陽子 (2019) 医療機関における医療専門職の健康と生産性：健康経営の視点から，社会保障研究，3 巻 4 号，pp.492-504
8) 新井卓二・上西啓介・玄場公規 (2019)「「健康経営」の投資対効果の分析」『応用薬理』96 巻，pp.77-84
9) 経済産業省「健康経営度調査について」, https://www.meti.go.jp/policy/mono_info_service/healthcare/kenkoukeieido-chousa.html (2021 年 8 月 18 日参照)
10) 経済産業省「健康経営優良法人認定制度」, https://www.meti.go.jp/policy/mono_info_service/healthcare/kenkoukeiei_yuryouhouzin.html. (2021 年 8 月 18 日参照)
11) Boles, M., Pelletier, B.and Lynch, W. (2004) "The relationship between health risks and work productivity", J Occup Environ Med., 46, pp.737-45
12) 経済産業省「令和 5 年度　健康経営度調査票」, https://kenko-keiei.jp/wp-content/themes/kenko_keiei_cms/files/r5.kenkoukeieidotyousahyou.sample.pdf (2023 年 12 月 3 日参照)
13) 前野隆司 (2022)「ウェルビーイングとは何か」『情報の科学と技術』72 巻 9 号，pp.328-330
14) 内閣官房ホ「成長戦略会議，成長戦略実行計画」, https://www.cas.go.jp/jp/seisaku/seicho/pdf/ap2021.pdf (2023 年 12 月 3 日参照)
15) 森永雄太 (2019)「ウェルビーイング経営の考え方と進め方」『健康経営の新展開』労働新聞社
16) 厚生労働省「平成 19 年度版　厚生労働白書　第 2 部主な厚生労働行政の動き　第 1 章　心身ともに健康な生活と安心で質の高い効率的な医療の確保等のための施策の推進」, https://www.mhlw.go.jp/wp/hakusyo/kousei/07/dl/0201.pdf (2023 年 12 月 3 日参照)
17) Schultz, AB.and Edington, DW. (2009) "Metabolic syndrome in a workplace: Prevalence, co-morbidities, and economic impact", Metab Syndr Relat Disord., 7, pp.459-468

18）盛岡市「メタボを予防しよう！食生活のポイントはバランスと適量にあり」，
https://www.city.morioka.iwate.jp/kenkou/1038055/1038265/1039340.html（2023 年 12 月 27 日参照）
19）労働者健康安全機構「労災疾病等医学研究普及サイト：労災疾病等 13 分野医学研究・開発，普及事業 分野名「業務の過重負荷による脳・心臓疾患（過労死）」勤労者の残業時間とメタボリックシンドローム保有状況の関係についての調査研究―メタボリックシンドロームの発症要因としての長時間労働―」，
https://www.research.johas.go.jp/booklet/pdf/09.pdf（2021 年 11 月 10 日参照）
20）Tenshi Watanabe, et al.（2022）"Long Working Hours Indirectly Affect Psychosomatic Stress Responses via Complete Mediation by Irregular Mealtimes and Shortened Sleep Duration: A Cross-Sectional Study", Int. J. Environ. Res. Public Health, 19（11）, p.6715
21）農林水産省「平成 28 年度食育白書」，
https://www.maff.go.jp/j/syokuiku/wpaper/h28/h28_h/book/part1/chap1/b1_c1_1_01.html（2023 年 12 月 3 日参照）
22）Harnack, L., Nicodemus, K., Jacobs, RD Jr.and Folsom, AR.（2002）"An evaluation of the Dietary Guidelines for Americans in relation to cancer occurrence", Am J Clin Nutr., 76, pp.889-96
23）Nunez-Cordoba, JM., Alonso, A., Beunza, JJ., Palma, S., Gomez-Gracia, E.and Martinez-Gonzalez, MA.（2009）"Role of vegetables and fruits in Mediterranean diets to prevent hypertension", European Journal of Clinical Nutrition, 63, pp.605-12
24）Gillman, MW., Cupples, LA., Gagnon, D., Posner, BM., Ellison, RC., Castelli, WP. and Wolf, PA.（1995）"Protective effect of fruits and vegetables on development of stroke in men", JAMA, 273, pp.1113-7
25）Fogli-Cawley, JJ., Dwyer, JT., Saltzman, E., McCullough, ML., Troy, LM., Meigs, JB.and Jacques PF.（2007）"The 2005 Dietary Guidelines for Americans and risk of the metabolic syndrome", The American Journal of Clinical Nutrition., 86, pp.1193-201
26）Mozaffarian, D., Hao, T., Rimm, EB., Willett, WC.and Hu, FB.（2011）"Changes in diet and lifestyle and long-term weight gain in women

and men", N. Engl. J. Med., 364, pp.2392-404
27) 池上幸江・梅垣敬三・篠塚和正・江頭祐嘉合(2003)「野菜と野菜成分の疾病予防及び生理機能への関与」『栄養学雑誌』61 巻，5 号，pp.275-288
28) Matsumoto, M., Suganuma, H., Shimizu, S., Hayashi, H., Sawada, K., Tokuda, I., Ihara, K.and Nakaji, S.(2020) "Skin Carotenoid Level as an Alternative Marker of Serum Total Carotenoid Concentration and Vegetable Intake Correlates with Biomarkers of Circulatory Diseases and Metabolic Syndrome", Nutrients., 12, pp.1825-36
29) カゴメ株式会社「ビジネスマンの野菜摂取に関する意識調査」，https://www.kagome.co.jp/library/company/news/2016/img/160630_999.pdf (2023 年 12 月 3 日参照)
30) Radavelli-Bagatini, S., Blekkenhorst, LC., Sim, M., Prince, RL., Bondonno, NP., Bondonno, CP., Woodman, R., Anokye, R., Dimmock, J., Jackson, B., Costello, L., Devine, A., Stanley, MJ., Dickson, JM., Magliano, DJ., Shaw, JE., Daly, RM., Jonathan, M.Hodgson.and Joshua R Lewis.(2021)"Fruit and vegetable intake is inversely associated with perceived stress across the adult lifespan", Clinical Nutrition., 40, pp.2860-2867
31) Robroek, SJW., van den Berg, TIJ., Plat, JF.and Burdorf, A.(2011)"The role of obesity and lifestyle behaviours in a productive workforce", Occup Environ Med., 68(2), pp.134-139
32) Conner, TS., Brookie, KL., Carr, AC., Mainvil, LA.and Vissers, MCM.(2017)"Let them eat fruit! The effect of fruit and vegetable consumption on psychological well-being in young adults: A randomized controlled trial", Plos One, 12(2), e0171206
33) 経済産業省「健康投資管理会計　実践ハンドブック」，https://www.meti.go.jp/policy/mono_info_service/healthcare/downloadfiles/kenkoutoushi_kanrikaikei_handbook_mihiraki.pdf (2023 年 12 月 28 日)
34) 厚生労働省厚生労働省保険局「データヘルス・健康経営を推進するためのコラボヘルスガイドライン　平成 29 年 7 月」，https://www.mhlw.go.jp/file/04-Houdouhappyou-12401000-Hokenkyoku-Soumuka/0000171483.pdf (2023 年 12 月 28 日参照)

35）カゴメ株式会社「ベジチェック」，
https://healthcare.kagome.co.jp/service/vege-check（2023年12月28日）
36）農林水産省「令和4年　消費・安全局 食育に関する意識調査」，
https://www.maff.go.jp/j/syokuiku/ishiki/r04/pdf/pdf_index-1.pdf（2022年4月22日参照）
37）内閣府食育推進室「食育に関する意識調査報告書（平成25年3月　）」，https://warp.da.ndl.go.jp/info:ndljp/pid/9929094/www8.cao.go.jp/syokuiku/more/research/h25/pdf_index.html（2022年4月22日参照）
38）Redzo, Mujcic. and Andrew J.Oswald, DPhil.（2016）“Evolution of Well-Being and Happiness After Increases in Consumption of Fruit and Vegetables”, American Journal of Public Health, 106（8）, pp.1504-10

第2章

「健康経営」は人材採用・職場定着に効くのか？

加藤大一朗

1　はじめに

私の所属するパーソルワークスデザイン株式会社は、総合人材サービスのパーソルグループで、BPO、ヘルプデスク／コールセンターのアウトソーシングなどを手掛けています。

その中で私の管掌している人事ソリューション本部は、企業人事向けアウトソーシングサービスを提供しています。

人事向けアウトソーシングの中で提供しているサービスは大きく2つに分けられ、1つが採用代行サービス（RPO：Recruiting Process Outsourcing）であり、もう1つが企業の健康経営を支援・推進し、従業員の健康管理を支援するヘルスケアサービスです。

ヘルスケアサービスの中では、産業保健を対象とした「健康診断実施支援サービス」「特定保健指導サービス」「メンタルケアサービス」「健康経営コンサルティングサービス」「ヘルスリテラシー研修」などを提供しています。

実は、この「採用代行」と「ヘルスケア」の2つのサービスは、実は元々はパーソルグループの別々の法人格でサービス提供していました。

ですが、2018年のグループ内企業の統合により1つの法人格でサービス提供することになり、そして、2021年4月からは社内の組織統合もあり「採用代行サービス」も

「ヘルスケアサービス」もいずれも人事向けアウトソーシングサービスであるということから、現在の私が管掌する人事ソリューション本部が発足することとなったのでした。

当初は、緻密に練り込まれた事業戦略の下に発足した組織というよりは、成り行きと偶然に近く、この２つの企業人事向けサービスを統合するかたちで私に任されることになったわけであります。

2021年当時は「採用代行サービス」と「ヘルスケアサービス」はいずれも人事向けサービスではあるもの、法人顧客である大手企業においては、「採用」は「人材採用部」、「ヘルスケア」は「労務管理部」などに分かれて対応することがほとんどであり、人事という広義の意味では関連性があっても、サービスを提供する実務上での関連性は乏しいと、私自身も感じていました。採用担当の方に自社の健康経営について伺ってもあまり興味関心をお持ちではないし、逆もまた然りで健康経営担当者の方も自社の採用に及ぼす影響については決して高い意識をお持ちではありませんでした。

また、同業他社のサービスを見ても、採用代行とヘルスケアを同一の組織体で提供している企業はほとんど見当たらないわけです。つまり、これらのサービス間にはシナジー効果が生み出しづらいと考えられます。確かに、採用に関する知見と、産業保健に関する知見は、同じ人事の中でも専門性が異なるとの見方が一般的です。

「採用」と「健康経営」という２つの分野を担当する私としては、どうにか「採用」と「健康経営」における接合点を見いだせないかという使命感にも似た思いを、社内外の誰にも共感してもらえないまま一人で悶々と抱えていました。

私自身は社会人１年目から、人材紹介事業や、企業の人事部での採用業務、そしてアウトソーシング事業での受託業務の運営など多くの仕事において、人材採用や人の転職に携わってきました。その中で経験してきた一般論としては、転職者が転職先を決める時には、「仕事内容」や給与・勤務地などの「条件面」で企業を決定しており、会社が取り組む「健康経営」によって転職を左右されるということは皆無であろうと考えていました。

これには、当時40代前半という年齢の私自身の価値観にも依存するかもしれません。

会社が健康経営に取り組んでいることが自分の働く環境を選ぶ上で大きな要素となるのか？と言ってみれば「健康経営」は福利厚生の一部。福利厚生を求めて職場を選ぶというのは、私自身の価値観の中には当てはまらないのです。

ですから、今回の調査についても、「健康経営は転職者の転職の意思決定に影響を与えない」という結論が出るだろうと期待値ゼロの中で開始することとなったのです。

しかし、後述することになりますが、この考えは良い意味で覆されることになります。

結論から言うと、「健康経営があるから転職者は企業を選ぶ」という直接的な構造は発見できませんでした。

しかし一方で、「年収の多寡に関わらず、健康への関心度の高い人（健康リテラシーの高い人）ほど、転職後の仕事満足度や生活幸福度が高い」ことが分かりました。

そして、「健康リテラシーの高い人ほど、ヘルスケアサービスへの興味関心度合いも高い」ことも分かりました。

つまり、「仕事満足度の高さ」と「健康リテラシーの高さ」と「ヘルスケア施策への興味関心度」は相互に相関関係があり、仕事満足度高く働く人を採用する上では、「健康リテラシーの高い人」が興味を持つような「ヘルスケア施策」に取り組むことが有効的であるということが分かりました。

つまり、**「健康経営」への取り組みが、「健康リテラシーの高い」求職者や従業員を集め、満足度の高い職場環境に繋がっている**と言えます。

また、**「健康経営」に対する求職者の反応が、転職後に活躍するかどうかの「リトマス試験紙」の役割も果たす可能性**が見えてきました。

それでは、詳細の調査結果を紐解いていきましょう。

2 調査方法と対象と調査項目

本調査の目的は、正社員で転職した人が、「健康経営」

についてどのような意識を持っているかを明らかにするために実施したものです。

調査方法として、インターネットによるアンケート回答方式を採用しました。

・調査期間は2022年1月13日から1月17日。
・調査対象は20歳から59歳、男女問わず、直近1年以内に転職して正社員で就業している方1,000名

としました。

また、回答者の割合を調整するためにパネル調査とし、

・関東50％、関西20％、その他地域30％。
・男性50％、女性50％。
・年代は20代および30代で各30％、40代および50代で各20％の割合

で実施しました。

当初は、弊社グループ会社であるパーソルキャリア株式会社の運営する､転職サービス「doda（デューダ）」のデータを利用しようと考えていましたが、転職支援サービスを活用した転職者の属性には偏りがあると考えられたため、この方法は利用しませんでした。

そこで、インターネット調査を利用しました。転職手段

に依らず、幅広く多くの対象者から回答を得ることが可能であり、またさまざまな背景を持つ転職者の意見を集めることが可能であり、転職者市場を表していると考えられたためです。

調査項目の一部として、以下の属性情報を回収しました。

- 現在の職業
- 現在の勤め先と入社形態
- 転職入社のタイミング
- 現在の会社の業種と規模
- 現在の仕事の職種
- 個人年収
- 転職回数と転職活動に利用した手段

次に、転職者の仕事満足度と生活幸福度を調査しました。具体的には、以下のような項目です。

- 転職前後の企業での仕事満足度
- 転職前後の企業での生活幸福度
- 転職先で長く健康的に働くことが期待できるか
- 転職先がホワイト企業であるかの認知
- 退職理由の各項目の影響度

そして、転職者の健康リテラシーと働く意欲も重要な調査項目となります。

具体的には以下のような項目です。

・転職先の選定における各項目の影響度
・家族やパートナーの意向の影響
・どの程度の情報があれば、会社が従業員の健康に配慮していると判断できるか
・企業が実施する健康関連施策の重視度
・健康的な生活に対する関心度
・健康経営の認知度
・働く目的について

最後に、転職者のヘルスケアサービスに対する意識と利用状況を調査しました。

・心理カウンセリングの利用経験と印象
・現在の働き方と新しい働き方（ワーケーション）への興味
・オフィス以外での勤務可能性やその希望

転職者と健康経営についての調査を通じて得られた主要な結果についてサマリーします。具体的な数字や結果トレンドについては、後続の章で詳細に議論します。

3 調査結果

3-1 ▶ 転職前後の仕事満足度

転職前後での「仕事満足度」（5段階評価のうち上位2項目）は、転職前13%→転職後40%と統計的に有意に向上しました。また一方で、「仕事不満度」（5段階評価のうち下位2項目）は、転職前65%→転職後26%と大きく下落しました。

これは今回の調査対象者が、総じて転職前の仕事への不満が、転職によって解消され、満足になったと解釈できます。

そして、転職者の健康への関心度は比較的高く、これは年齢が上がるにつれて顕著な傾向になりました。一般常識的にも年齢が経ることにより健康リスクに直面しやすく、健康に対する配慮が必要になることが調査結果にも表れて

図1　転職「前・後」仕事満足度

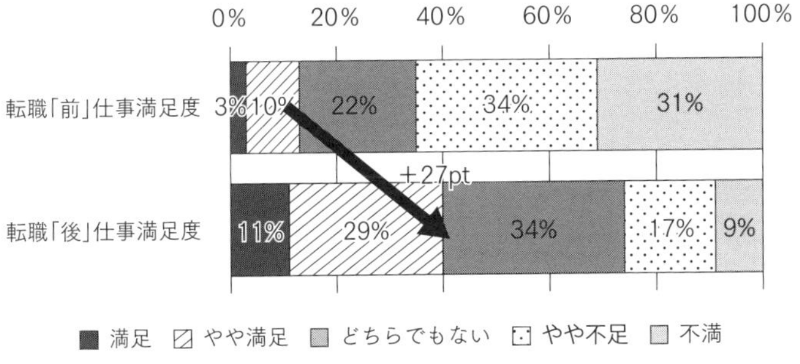

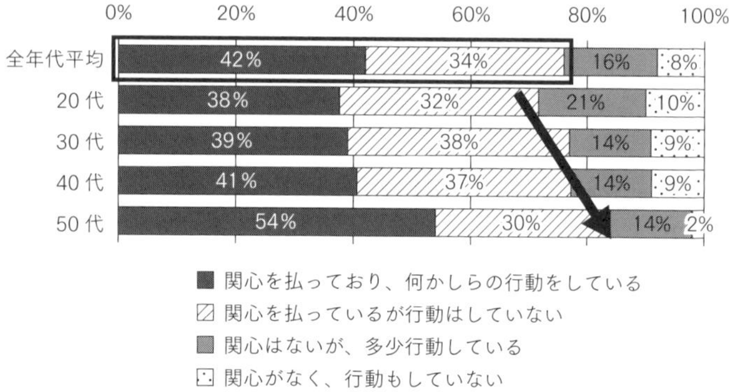

いると考えられます。

3-2 ▶ 健康経営の認知度

一方で、意外なことに転職者の「健康経営」という言葉の認知度は、40代・50代の中高年層よりも、20代・30代の若年層にかけて高くなっていました。

前述の結果を踏まえると、健康意識の低い若年層の方が中高年層よりも、会社の取り組む「健康経営施策」について認知し意識していることが伺えます。

中高年層は（私自身も含めて）一般的に、健康は会社ではなく自己管理するべきものと考えて育ってきた時代背景もあるため、会社が取り組む健康経営施策に対しては相対的に鈍感であることが多いと考えられます。一方で若年層は、会社が取り組む健康関連施策（例えば長時間労働や休日休暇の取得など）を重視した働き方を選択して職業選択

図2　健康経営の認知度

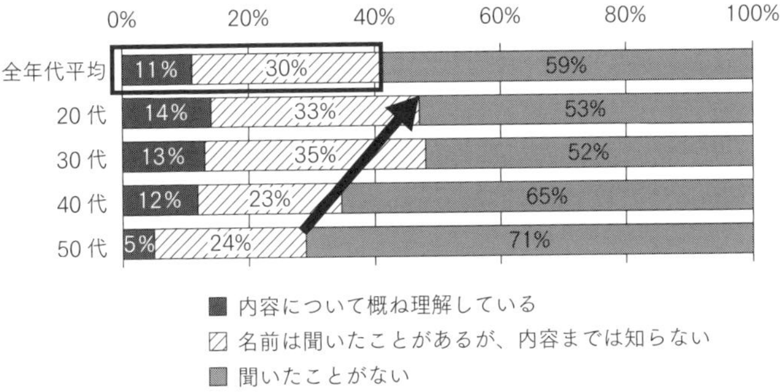

してきた背景もあり、「ワークライフバランス」などの言葉が表すように、健康関連施策を含めた「働き方」そのもので会社を選択する傾向が強いと言えます。

このあたりが「健康経営」の認知度の世代別のギャップに繋がったものと考えられます。

3-3 ▶ 働く目的

次に、転職者が働く目的として選択した項目を見てみます。

一番は「お金を得るため」であり75％前後が目的と答えています。

それに続くのは「社会・人とのつながり」（46％）次に「自己成長」（45％）でした。

実はこの「働く目的」については、多くの人が「お金を得るため」を目的としている一方で、後述するように「お

図３　働く目的

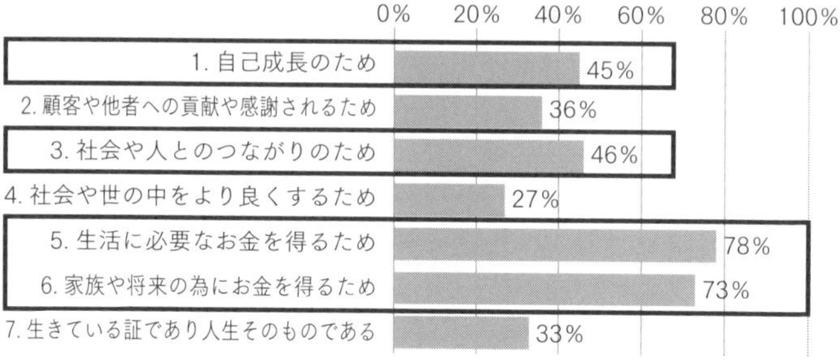

図４　ホワイト企業勤務認知と転職後仕事満足度・生活幸福度

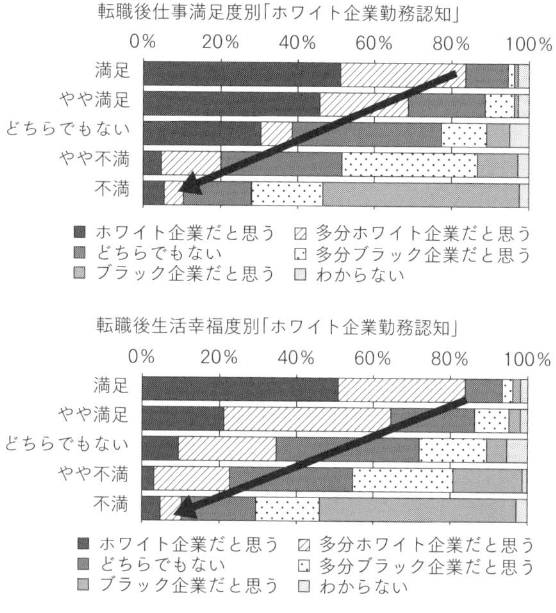

金を得るため」以外を目的としている人が、転職後の満足度幸福度と関連しているという皮肉な結果が出ています。

3-4 ▶ 転職後満足度とホワイト企業認知

次に、転職先企業を「ホワイト企業」であると認知している人は、転職後の「仕事満足度」や「生活幸福度」が高くなる傾向が見られました。これは、実際に転職先企業がホワイト企業である外形的な認定を得ているかどうかは別として、転職者本人の認知として転職先企業が「ホワイト企業」であると認知して就業していることが「仕事満足度」や「生活幸福度」に直結していると言えます。

3-5 ▶ 健康リテラシーと転職後満足度

次に、企業が取り組む健康施策を重要視している「健康リテラシー」の高い人ほど、転職後の「仕事満足度」、「生活幸福度」も高かったです（※注釈：この「健康リテラシー」とは、求職者が考える「企業の健康施策に対する見立ての重要度合い」と「企業の健康関連施策の重要度合い」の両指標を数値化して、双方が平均以上の「高位群」、どちらか片方が平均以上の「中位群」、いずれの指標も平均以下の「低位群」とに分けた場合で分析しています）。

企業が取り組む健康施策を重要視している「健康リテラシー」の高い人ほど、転職後の「仕事満足度」（＋ 22pt）、「生活幸福度」（＋ 29pt）ともに高いことが分かりました。

図５　健康リテラシーと転職後仕事満足度・生活幸福度

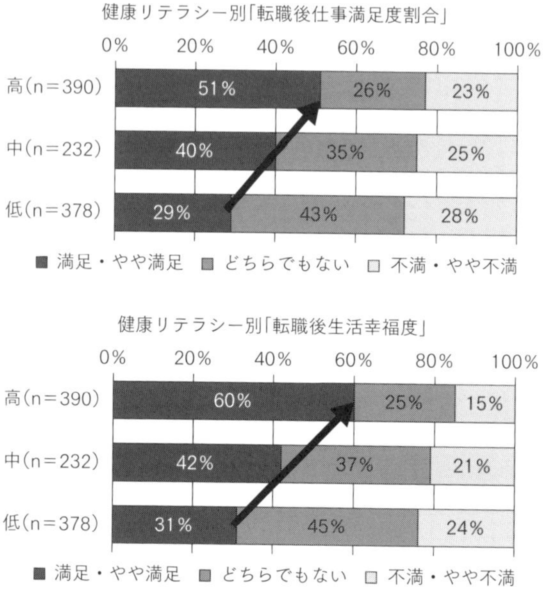

ここで、一つの仮説として、「年収の多寡」が「健康リテラシーの高低」に影響を与え、その結果、「転職後満足度」に影響を与えているのではないかと考えました。つまり、年収の高い人の方が、健康リテラシーが高く、その結果として転職後の満足度が高くなるという仮説です。

そこで、年収400万円未満（n＝469）と年収400万円以上（n＝432）の２つの群に分けて同様の比較しました。

その結果、私の仮説は見事に覆されました。

つまり、年収の多寡に関わらず、「健康リテラシーの高さ」

と「転職後満足度の高さ」は相関するという結果になったのです。

このことから、年収の多寡に関わらず、「健康リテラシーの高低」が転職後の「仕事満足度」に関係していると分析しました。

この結果が、今回の調査で最も大きな発見であり、**転職後満足して就業するためには、年収に関係なく、会社が取り組む健康施策への興味関心度合いの高さ（健康リテラシー）が重要である**ことが分かりました。

これは長年、人事業務や人材関連サービスを提供してきた私個人の肌感覚としても一致しており、会社が取り組む従業員向け施策に対して、素直かつ前向きに捉える人の方が、エンゲージメントが高い傾向にあります。

会社が従業員に対して行う健康関連施策は、「会社からのメッセージ」とも置き換えられます。むしろ、「施策」と「メッセージ」は一体的に伝達・実施するべきではあります。これらの「会社からのメッセージ」と、それに反応する「健康リテラシー」の高い従業員を採用することが、結果として満足度の高い職場づくりに繋がると考えられます。

その意味においては、会社が実施する「健康関連施策」および「メッセージ」を採用ページなどに掲出することで、会社が社員の健康を大切にしていることを伝えることは有益であると考えられます。

図6　健康リテラシーと転職後仕事満足度・生活幸福度（年収による比較）

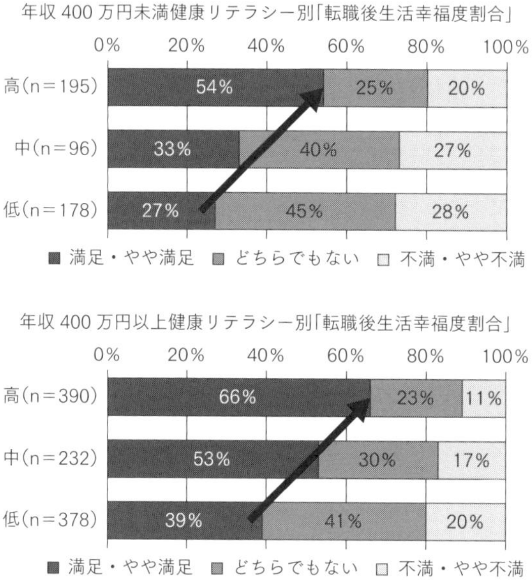

3-6 ▸「転職後満足度と働く目的」「転職後満足度と健康経営認知度」

　また、転職後の「仕事満足度」「生活幸福度」の高い人ほど、仕事の目的に「金銭面以外」を上げる人が多く（＋12～29pt）、加えて「健康経営認知度」も高い（＋9～15pt）ことが分かりました。

　つまり、金銭面以外の報酬（いわゆる無形の報酬）に価値を感じる人の方が、仕事満足度が高いというのは、ハーズバーグの「動機付け要因」「衛生要因」の理論から考え

図7　転職後満足度と仕事の目的・健康経営認知度

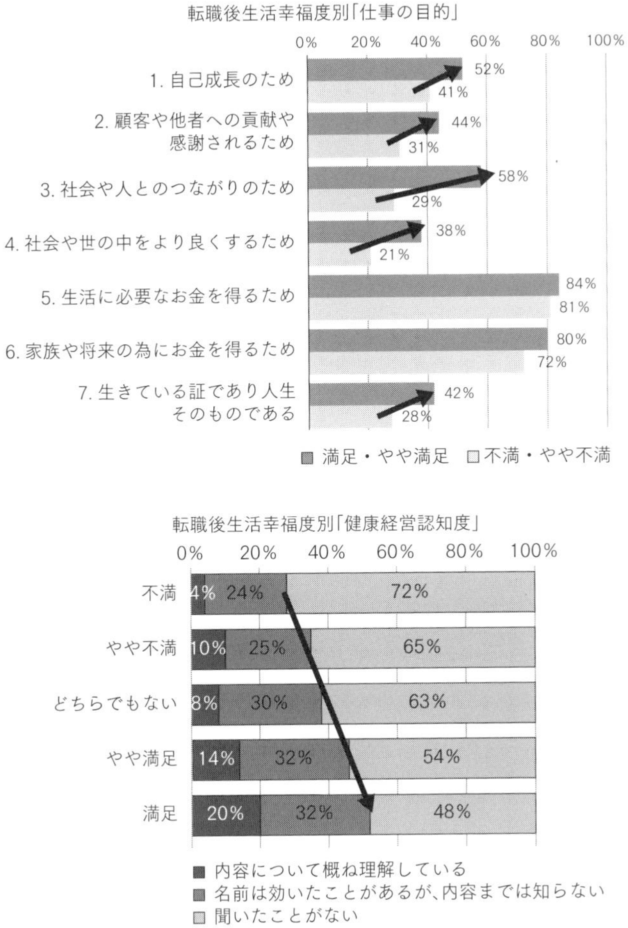

ても道理が通る話でしょう。

　また転職後の満足度が高い群の方が、健康経営の認知度が高いという相関性があることも、企業にとっては「健康経営」を求職者に対してアピールすることが、満足度高く働く従業員の確保に繋がるとも示唆されます。

3-7 ▶ 「健康リテラシーとヘルスケアサービス」

さらに、「健康リテラシー」が高い人ほど、心理相談やワーケーションなどのヘルスケアサービスに対する興味や肯定的なイメージが強い傾向がありました。

これらのヘルスケアサービスは、弊社が提供する産業保健領域におけるヘルスケアサービスであり、健康リテラシーの高位群の方が、新規性のあるヘルスケアサービスに

図8　健康リテラシーと心理相談の印象・ワーケーションへの興味

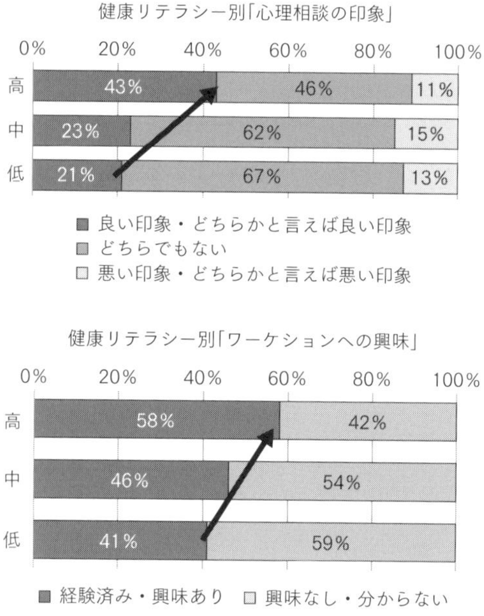

ついて好意的に受け止めています。

これらのヘルスケアサービスの実施により、健康リテラシーの高い従業員の仕事満足度を高め、エンゲージメントを向上させることが期待されているのです。

4 健康経営における退職面談の有用性についての調査

次に、弊社では別の角度からの調査も実施しました。

前述の調査は入職時（転職時）における「健康経営」についての調査でしたが、退職時におけるサーベイや面談の実施有無や退職理由についても別途調査を実施しました。

実は、退職面接もまた、「健康経営」を支える重要な要素であると言えます。

退職面接は、退職者が会社を去る前に、その退職理由や組織状態を聴取する重要な機会になり得ます。

これにより、企業は退職者の経験から学び、それを活かして事業環境や職場環境を改善することが可能となります。

在職中の社員に対して定期的にインタビューを実施すればよいことには間違いありませんが、在職者以上に退職者との面談は、職場に対する本音や、その後の退職者との関係構築にも繋がる重要な役割を持ちます。

弊社では以下の通り、正社員の職を退職した人へのインターネット調査を実施しました。

図9　面談実施率 / 本音で話せない率

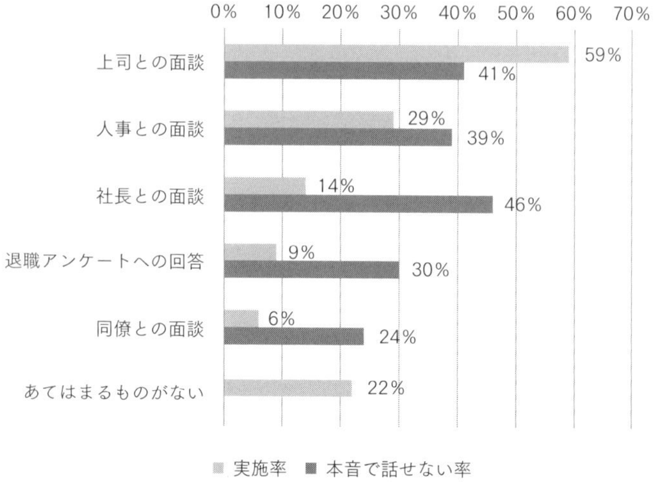

調査期間：2023年2月27日～同年3月7日

調査対象：20歳～59歳／男女／前職を正社員を退職し、直近1年以内に現職に転職し正社員で就業している方1,412名

調査方法：インターネットによるアンケート回答方式

その結果、見えてきたのは、「退職面談」や「退職アンケート」の実施率の低さです。

なんと退職者のうち29%しか人事との退職面談を実施しておらず、退職アンケートに至っては9%の実施率でした。

そして、本音で話せたか・回答できたかと聞くと、約

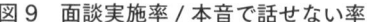

図10　退職時における心理的負担

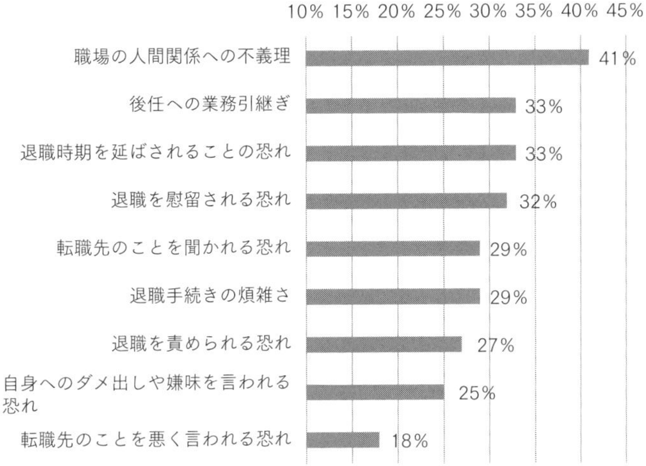

40%の人が本音では話せなかったと回答しています。

本音で話せるかどうかについては、退職における心理的負担が関係しており、以下のような退職時における心理的負担が大きい人ほど本音で話せない率が高くなる傾向がみられました。

普段の職場における「心理的安全性」が影響しているとは考えられますが、少なからず感じる退職時における心理的負担感を踏まえた上で、企業は退職者面談を実施するべきだと考えられます。

また、退職面談において使われる退職者の「本音」と「建前」についても理解しておくべき必要があります。

次の通り、退職者は「業務量、組織風土、仕事の進め方」

図11　伝えられない「本音」の退職理由

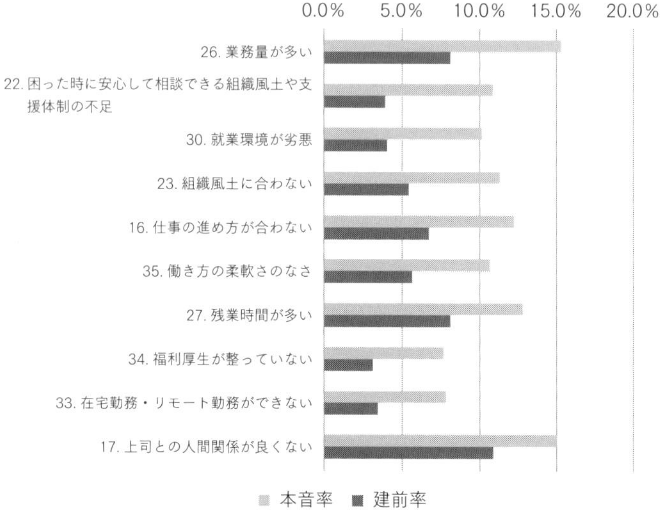

図12　使われがちな「建前」の退職理由

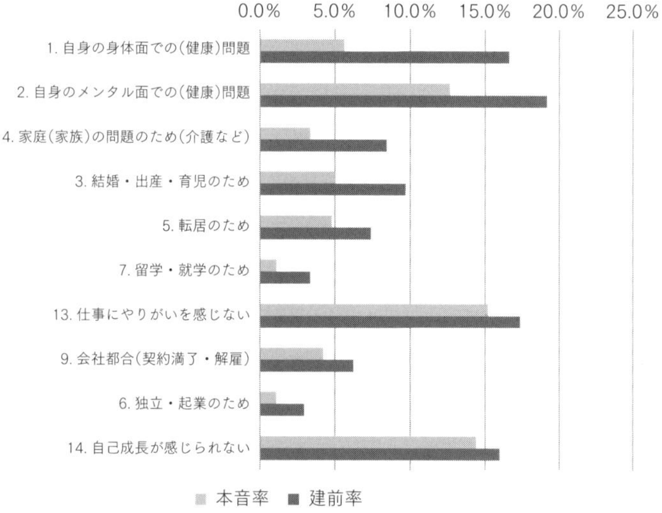

などの職場起因による退職理由について、本音で思っていることを会社に対しては伝えられておらず、「健康問題、家族の事情、転居」などの個人的起因による退職理由を「建前」として使いがちであることが分かります。

これは、日本人の歴史的・文化的・社会的な背景が大きく影響しているものと考えられます。　そのような日本人的な特徴を踏まえた面談やアンケート施策が必要であろうと考えられます。

また、今回の調査で聴取した35項目の退職理由をタイプ別に分類すると、次の9つの型に分類できることが見えてきました。次に9つの型とその傾向や特徴について紹介します。

図13　9つの退職理由の型

1_体調不良型 （出現率：25%）	2_個人事情型 （出現率：7%）	3_経営への不信型 （出現率：21%）
4_やりがい・自己成長不満型 （出現率：29%）	5_人間関係問題型 （出現率：10%）	6_組織風土・評価型 （出現率：21%）
7_業務量・休日型 （出現率：18%）	8_働き方型 （出現率：10%）	9_複合型 （出現率：11%）

1_体調不良型（出現率：25%）

傾向・特徴

・メンタル不調を含む体調不良が原因の退職

・会社に対する印象は悪くない

・困ったときに相談できない傾向がある

・退職に当たっての心理的負担は大きい

2_ 個人事情型（出現率：7%）

・結婚・転勤・独立・留学などの個人的事情が原因の退職

・退職検討してから退職まで短い

・会社に対する愛着あり

・再雇用（出戻り）の意向も高い

3_ 経営への不信型（出現率：21%）

・経営方針・将来性への不信が原因の退職

・元々会社への期待度が低い

・再雇用（出戻り）の意向は低い

・会社への評価も低い

・勤続年数が長い人（5 年以上）の退職理由として多い

・30 代後半〜40 代前半の退職理由として多い

・小規模企業（100 名以下）の退職者の退職理由として多い

4_ やりがい・自己成長不満型（出現率：29%）

・やりがいや自己成長への不満が原因の退職

・入社時の会社への期待度高い

・退職の申出までの期間が長く検討している

・組織風土も起因している

5_ 人間関係問題型（出現率：10％）
・職場の雰囲気や、同僚との人間関係が原因の退職
・在籍期間は短い傾向
・個人事情も絡んで退職している
・退職に当たっての心理的負担は大きい
・30 代後半～40 代前半の退職理由として多い

6_ 組織風土・評価型（出現率：21％）
・相談しづらい、評価・処遇への不満が原因で退職
・退職検討から退職まで長い傾向
・やりがい・自己成長も退職に起因している

7_ 業務量・休日型（出現率：18％）
・業務量・残業が多い、休日取れないことが原因で退職
・退職を申し出てから退職するまでの期間が長い傾向
・年収 400 万円未満の退職者の退職理由として多い
・20 代の退職者の退職理由として多い

8_ 働き方型（出現率：10％）
・勤務地・通勤時間・在宅勤務などの働き方の柔軟性の無さが原因で退職
・退職に当たって心理的負担が大きい
・年収 400 万円未満の退職者の退職理由として多い
・20 代の退職者の退職理由として多い

9_複合型（出現率：11%）

・理念・仕事の進め方・上司・職場風土など全般的に不満が大きい退職
・入社時も退職時も会社に対する評価が低い
・年齢高めの男性に多い傾向
・勤続年数の短い人（1年未満）の退職理由として多い。

また、職種や性別などによっても退職理由の型の傾向が異なっており、自社組織の社員の職場定着率を高める上で、退職者の本音の退職理由の分析が多くの示唆を含んでいることが分かります。

退職面接で得られる情報は、例えば、職場の健康や安全に関する問題、勤務時間、人間関係、キャリアの方向性など、さまざまな視点での掘り下げることが可能です。

一方、退職した従業員自身にとっても、退職面接は自己の経験を振り返り、自身のキャリアを棚卸し、再考察するよい機会となります。例えば、自身の仕事への取り組みが、新しく勤める会社でどのように活きるのか、また、自身が求める働き方や生活バランスが保たれた環境を見つけるために何が必要なのかといった観点から考えることができます。

したがって、退職面接は企業にとって、職場環境を改善し、より健康的な職場環境を提供するための重要なフィードバックを提供するものです。これは、企業が健康経営を実践し続ける上で、重要な情報を提供する役割を果たします。

このような退職面談を重視する企業は増える傾向にあり、より退職者の本音に迫るために第三者に外部委託する企業も増えてきています。

また今後の人材不足・採用難の企業においては、退職者が再雇用者として戻ってくる可能性は、最大化しておく必要があります。

「アルムナイ」という退職者を貴重な人的リソースとしてネットワーク構築する企業やそれらを支援するサービスも出てきています。

いずれにしても「健康経営」をベースとした社員に向けた“メッセージ”は、入社前から退職後まで一貫して重要であり、企業ブランディング（インナーブランディングおよびアウターブランディング）を確立していく上で、非常に重要な要素であることが分かります。

5 健康経営の戦略と推奨事項

以上の調査結果から、健康経営が職場環境の改善と仕事満足度の高い人材の採用において重要な役割を果たすことが明らかになりました。しかし、これらのインサイトが社内での具体的な行動に結びつくためには、以下のような戦略と推奨事項を考慮することが重要となります。

1 健康経営を企業文化の一部とする

健康経営は単に施策を実施するだけではなく、企業文化の一部として浸透させる必要があります。具体的には、経営陣からすべての従業員まで「健康経営」の価値を共有し、健康面に配慮した働き方があらゆるレベルで奨励されていることを示すことが重要です。具体的な施策としては、定期的な健康チェック、健康リテラシー・健康知識の研修、適切な休憩時間、フレキシブルな勤務時間などが含まれます。

2 退職面接の活用

退職面接は、組織内の課題を明らかにし、組織課題の解決の一助となりえます。特に就業環境や組織風土に関連した指摘や提案は、組織における健康経営を改善し、新たに採用する人材にとって魅力的な職場環境を作るために重要な示唆になります。

3 年代や性別によるニーズの違いを理解する

調査結果から、健康経営への需要が世代間で異なることが明らかになりました。若年層は健康経営について認知度が高い一方で、年齢層が上がるにつれて健康への関心度が高まります。これに対応するために、企業は自社に所属する様々な世代のニーズを満たすための独自の健康経営プログラムを検討し、提供する必要があります。

4 より健康意識の高い人材の採用

健康リテラシーの高い人材は、仕事満足度や生活幸福度が高く、これは企業が目指すべき採用ターゲットになります。採用プロセスに健康リテラシーを評価する要素を組み込むことを検討する必要があります。例えば、面接の際に、求職者自身の健康に対する意識や、会社の健康経営施策に対する見解などを問う質問を盛り込むことなどは有用です。

5 ヘルスケアサービスの実施とプロモーション

ヘルスケアサービスは、健康リテラシーの高い求職者を魅了する強力なツールであり、これらのサービスを提供しプロモーションすることで、魅力的な人材を引き寄せることができます。

以上のような戦略と推奨事項を念頭に置くことで、「人材採用・職場定着に効く」健康経営を実現できるのではないでしょうか。

参考文献

新井卓二（2022）『最強戦略としての健康経営』同友館

新井卓二・上西啓介・玄場公規（2019）「「健康経営」の投資対効果の分析」『応用薬理』第 96 号，pp.77-84

新井卓二・宮口昂・加藤大一朗（2022）『転職満足者の働く目的と退職・転職決定理由－転職プロセスからみる因子分析－』

アリソン・M・ダグナー・エリン・E・マカリウス，DIAMOND ハーバード・ビジネス・レビュー編集部（2022）「アルムナイを味方に変える退職マネジメント」『DIAMOND ハーバード・ビジネス・レビュー』ダイヤモンド社

加藤大一朗・新井卓二（2023）『転職決定者 1,000 名の調査から見えた「採用成功」と「健康経営」の関係性調査第 4 回』日本ヘルスケア学会年次大会，2023.3.17

唐澤俊輔（2020）『カルチャーモデル 最高の組織文化のつくり方，ディ

スカヴァー・トゥエンティワン』
玄場公規・新井卓二・小野恭義（2020）『ヘルスケア・イノベーション』同友館
中原淳（2020）『「データと対話」で職場を変える技術 サーベイ・フィードバック入門 これからの組織開発の教科書』PHP研究所
HRテクノロジーコンソーシアム（2022）『経営戦略としての人的資本開示 HRテクノロジーの活用とデータドリブンHCMの実践』日本能率協会マネジメントセンター
福田洋・江口泰正・中山和弘（2016）『ヘルスリテラシー：健康教育の新しいキーワード』大修館書店
村上昇（2021）『キャリア・ウェルネス「成功者を目指す」から「健やかに働き続ける」への転換』日本能率協会マネジメントセンター
厚生労働省「平成24年労働者健康状況調査」，https://www.mhlw.go.jp/toukei/list/h24-46-50.html.（2023年1月15日参照）
リクナビNEXT「転職理由と退職理由の本音ランキングBest10」，https://next.rikunabi.com/tenshokuknowhow/archives/4982/.（2023年1月15日参照）
労働政策研究・研修機構「新型コロナウイルス感染拡大の仕事や生活への影響に関する調査」，https://www.jil.go.jp/press/documents/20210727.pdf.（2023年1月15日参照）

第3章

中小企業の健康経営推進
—産業保健職の活用とその可能性—

水越 真代

03

1 序論：中小企業の健康経営 ―新たな舞台への挑戦―

現代の企業経営において、健康経営は欠かせない要素となっています。特に、一人ひとりの従業員が企業全体の生産性に大きな影響を与える中小企業においては、その重要性はさらに高まります。中小規模の健康経営の取り組みは、従業員の健康状態の改善、健康リテラシーの向上、労働災害の防止への意識向上[1)]、経営的な面として、会社のイメージアップや人材採用の効果が報告されています[2)]。

しかし、中小企業が健康経営を推進するには、人材や資金、情報などのリソースが限られているという課題があります。

そこで、活用できるのが産業保健職です。産業保健職は、企業や組織で働く従業員の健康を守る専門家であり、産業医、産業分野で働く保健師・看護師（以下産業保健師・産業看護師）の総称です。産業医は、従業員50人以上の事業所に選任が義務づけられています。一方、産業保健師や看護師は、法律では義務化されていませんが、500人以上の企業では多く採用され[3)]、その数は増加傾向にあります。

従業員50人未満の企業は、全企業の97.3%[4)]、中小企業部門の健康経営優良法人認証をうけた企業の63%[5)]となっており日本の大半の事業所は、小規模事業所となっています。これらの小規模事業所では産業保健職の関与が少なく、中小規模事業所で働く人々の健康問題は社会的な課題となっています[6)]。

ここでは、健康経営優良法人中小企業部門に該当する企業にむけて、中小企業の健康経営推進のための産業保健職の役割と活用について述べていきたいと思います。

2 産業保健の活動と健康経営との交差点

ここでは、産業保健活動における産業保健職の役割と50人未満の事業所で必要な産業保健活動、産業保健活動の事例、産業保健職活用について述べていきます。

2-1 ▶ 産業保健職とその役割

産業業保健職とは、労働安全衛生法に基づき、従業員の健康管理を担当する専門家のことを指します。産業医・産業保健師・産業看護師の他に産業保健職には、カウンセリングなどを担当する心理職や、健康運動指導士、歯科医師、管理栄養士などが含まれますが、ここでは、産業医・産業保健師・産業看護師を対象として話を進めていきます。

産業医は、医師でありかつ産業医としての資格が必要です。保健師は、看護師の上位資格で、身体や心の病気の予防や未病をサポートする看護職です。保健師は地域保健、学校保健、産業保健の3つの分野で活動しており、産業保健師は、生活習慣病の増加や、メンタル不調の増加、健康経営の広がりから年々増加しています[7)]。産業看護師は、社内診療所の廃止等により、その数は減少傾向にあります。

産業保健職の役割は以下のようになります。

1.職場での健康診断の実施と管理

・従業員の健康状態を定期的にチェックし、早期発見・早期治療を促す

・健康診断の結果を基に、必要な健康指導や医療機関への受診を促す

2.労働環境の衛生管理

・職場の物理的、化学的、生物学的ハザードを評価し、リスクを管理・軽減する

・環境測定や労働衛生調査を通じて、健康に影響を及ぼす可能性のある因子を特定し、改善策を提案する

3.職業性疾患の予防

・職業病のリスクファクターを特定し、予防策を講じる

・従業員に対して、職業病予防に関する教育やトレーニングを提供する

4.メンタルヘルス対策の推進

・ストレスチェックの実施やメンタルヘルス研修を通じて、職場のメンタルヘルスケアを支援する

・従業員や管理職に対して、メンタルヘルス問題に関する相談やサポートを行う

・メンタル不調者に対しての復職支援を行う

5. 仕事と疾病の両立のための支援

- 病気を持ちながら、仕事を続ける人の健康相談や、職場環境・社内調整を行う
- 社内外の連携と情報提供を行う

6. 健康管理体制の整備・健康増進活動の企画・実施

- 社内の健康管理体制を整備する
- 健康教育プログラムやウェルネスプログラムの開発と実施を通じて、従業員の健康促進を図る
- 生活習慣病の予防、運動促進、栄養指導など、総合的な健康増進策を提案する

7. 緊急事態への対応

- 職場内外での事故や緊急対応が必要な疾病の際に迅速な対応を行う
- 応急処置や緊急時の医療連携を担う

これらの中で、産業医は、労働安全衛生規則第14条で、役割が定められています。特に以下の項目は、産業医による指導や助言を企業に対し実施することが求められています。

- 健康診断の結果に基づく就業判定及び措置
- 長時間労働者の対する面接指導とその結果に基づく措置
- ストレスチェックにおける高ストレス者への面談（医

師であれば産業医でなくても可)
・月1回の職場巡視
・衛生委員会への参加
・休業復帰時の就業に関する意見

法的に設置義務はありませんが、産業保健師については、労働安全衛生法の中で、以下のように書かれています。

・事業者は健康診断の結果、特に健康の保持に努める必要があると認める労働者に対し、医師又は保健師による保健指導を行うように努めなければならない(法66条の7)。
・労働者数50人未満の事業場については、医師(必要な医学に関する知識を有する者)又は保健師(必要な知識を有する者として地域産業保健センターの名簿に記されている者)に労働者の健康管理等を行わせるように努めなければならない(法13条の2、労働安全衛生規則15条の2)。
・常時50人以上の労働者を使用する事業場に対し、医師、保健師等による毎年1回、定期的に心理的な負担の程度を把握するための検査[ストレスチェック]を実施する(法第66条の10)。

産業医の選任義務のない従業員50人未満の事業所で

は、医師または**保健師**に社内全体の健康管理業務を実施させるように努める、となっています。

実際､産業医が選任されている企業でも産業医の業務が、月１回２時間程度の活動の場合は、産業保健師の役割は大きく、産業医・人事労務担当者等と連携をとりながら、従業員の健康管理の調整やリーダーシップをとりながら進めることも多くなっています。

健康経営を推進していきたい小規模事業所では、産業保健師を活用するとよいでしょう。

2-2 ▶ 50 人未満の事業所で必要な産業保健活動 ～労働安全衛生法に規定されてること

健康経営認定項目として取り入れられていませんが、従業員 50 人未満の事業所でも安全衛生管理体制の構築として、法律で義務化されている項目がありますのでご紹介します。

1 安全衛生推進者等の選任とその職務

①安全衛生推進者等の選任

常時 10 人以上 50 人未満の労働者を使用する事業場では、業種によって、安全衛生推進者か衛生推進者（以下、安全衛生推進者等）を選任しなければならないとされてます（法 12 条の 2)。この資格は、都道府県労働局長等が実施する講習を受けることで取得でき、労働衛生に関する基礎的な知識を学ぶことができます。健康経営担当者が安全衛生推進者等の講習を受講することで、労働安全衛生の基礎知識を身につけることができます。また、選任する際には、事業場に専属で所属していること、氏名を作業場の見やすい箇所に掲示し、関係労働者に周知させることが必要です。そのことにより従業員が安全衛生推進者等を認識し、活躍しやすい環境を整えることことにつながります。

②安全衛生推進者等の職務

安全衛生推進者は、労働者が健康を害することを防ぐための対策を講じ、安全や健康の教育を提供します。さらに、健康診断を実施し、労働災害や健康障害が起こらないよう計画を作成します。また、企業の安全衛生に関する方針を明確にし、リスクアセスメントを実施します。安全衛生に関する計画実施、評価、改善というPDCAサイクルを意識し、社内の安全と衛生活動を推進します。これらの活動は、健康経営の推進と一体化することが可能で、特に人員が少ない中小企業では、包括的かつ効率的に取り組むことが可能です。このような活動を通じて、安全衛生推進者や衛生推進者は、従業員の健康と安全を守り、企業の健康経営を支える重要な存在となることが期待できるでしょう。

2 社内の従業員の意見を聴くための機会

労働安全衛生や健康経営の推進は、一人の担当者だけでは困難です。社内の理解と合意を得るために、社内会議で方針を決定し、それを実践することが重要です。50人以上の事業所では、安全衛生委員会の設置が義務付けられていますが、50人未満の事業所ではその義務はありません。しかし、安全や衛生に関する事項について、関係労働者の意見を聴く機会を設けることが推奨されています。新しい会議の機会を増やすよりも、既存の会議で労働安全衛生や健康経営の議題を取り上げることで時間的負担を少なく推進することができます。近年、経営会議で健康経営の推進が議論されるようになっています。特に中小企業では、経営層が積極的に関与し、推進することで、健康経営がより効果的に進行します。

3 健康管理等を行わせる医師・保健師等

50人未満の事業場では、産業医の選任は義務ではありませんが、医師や保健師等による健康管理が推奨されています。特に健康診断結果後、就業に問題のある従業員がいないかという「就業判定」は、企業の健康管理として事業規模にかかわらず義務化されています（法66条の4）。中小企業部門の健康経営優良法人に認証されている企業でも、健康診断事後指導の実施は、58.8％の実施にとどまっており[8)]、健康診断結果の活用が十分に行われていない現状があります。後述する地域産業保健センターは、50人未満の事業所に対し、登録産業医や登録保健師による支援を無料で実施しており、従業員の産業保健・健康経営の推進に積極的に活用するとよいでしょう。

2-3 ▶ 産業保健師の具体的支援事例

産業保健師は実際どのような役割を担っているのでしょうか。ここでは、筆者が産業保健師として経験した事例をご紹介します。個人が特定されないよう、複数の事例を混ぜてご紹介していますのでご了承ください。

1 メンタル不調者への対応

50代の男性社員Aさんです。結婚して15年目の奥様が、がんと診断されました。子供はおらず、三交代勤務をしながら、なるべく自宅で、とお一人で介護をされておられました。しかし、奥様の病状が悪化し入院。1か月の介護休暇を取り、最期を看取られました。

葬儀が終わり、職場復帰をされましたが、周りの人が心配するほど表情がなく、またどんどん体重が落ちていく様子から、上司に勧められ保健師のところに面談に来られました。奥様をなくされ、一人暮らしになった寂しさから、心の力がすべてなくなったようだとぽつりぽつりお話しくださいました。

職場の人や友人など近すぎるに人には語れないことを、専門職であるという安心感からか、Aさんは、これまで誰にも話せなかった気持ちを話してくださいました。それらの話を伺う中で、食欲もなく、夜もぐっすり眠れないとお話しされておられたため、メンタルクリニックをご紹介し受診をしていただきました。

休業の診断書が提出され、3か月休業したところで、職場復帰となりました。復帰直前には、同僚の方が一緒に食事をしようと声かけをしていいかと保健師に確認してくださり、定期的に実施している体調確認の連絡時に本人に確認し、数人で食事をする機会を設けるということもありました。

復帰後、定期的に面談をする中で、一人暮らしになり、簡単にバランスよく食事をとる工夫など生活面での疑問を保健師に質問されるようになり、お会いするたびに元気を取り戻していかれました。上司の方、職場の方も、A さんも、保健師の役割を認識し、上手に活用してくださった好事例です。

2 多量飲酒の事例

面談機会が少ない女性社員面談を実施した時の話です。

38 歳女性社員 B さん。シングルマザーで、二人の娘さんを育てています。B さんとの面談の最後に「お酒ってどのくらい飲んでも大丈夫ですか？」と質問されました。私は「お酒の量が気になるのですか？（知りたい）理由を聞いてもいいですか？」とお尋ねしました。すると、B さんは、1 日の終わり、自室でウィスキー3-4 杯 + カクテル系の缶 1-2 本を飲んでいること、娘たちが 20 歳になったら自分は死んでもいいと思っていること、職場で感じている不公平感など、日常の思いを語ってくださいました。

私は保健師として、ゆっくりお話を伺いながら、お酒の適量、現在の状況だと依存症になってしまうことなど情報提供をし、その場を終えました。

1か月後、Bさんから「保健室に行ってもいいですか？」とメールがあり、再び面談をしました。その時にBさんから、実は、前回の面談後、「いまなら間に合う」という保健師の言葉をきっかけに週1回お酒を飲むのをやめたこと、娘を塾に送った後に、ジョギングを始めたこと、先日、ちょうどお酒を飲んでいない時に、実家の父が倒れたと連絡があって、車で駆けつけることができたことなどを話してくださいました。また、上司の方に思っていることを伝えることができて、職場での困り事が少し解決したと話してくださいました。

保健師の面談をきっかけに、Bさん本来の生きる力を取り戻されたように感じました。

3 健康委員会の取り組み[9,10] ～がん検診受診率の取り組みと若年者の睡眠問題に取り組んだ事例

ここでは、健康委員会が、社内の健康課題に取り組んだ事例をご紹介します。

健康委員会は、安全衛生委員会の下部組織で月2回実施されています。その委員会で社内の健康課題に取り組むために従業員アンケートを実施しました。

抽出された健康課題は、①がん検診の受診率が33.2%、②事務職の肩こり、③現場職の腰痛、④シフト勤務者の睡眠、⑤年代ごとの肥満者の増加、の5つでした。

初年度の取り組みを検討し、取り組みやすさから「がん

表1　健康委員会の取り組みの経緯

経過（1時間のうち話し合い約10分から15分／4月から11月合計13回）	
第1フェーズ （4月から5月）	・健康アンケートの実施（全従業員　4月集団健康診断時） ・健康委員会主管課担当者とのMTG 会の開催 ・1回目：分科会の趣旨と期待（主管課部長から） ・2回目：どんな分科会であったらいいか
第2フェーズ （6月から9月）	3回-9回 ・健康アンケート報告 ・健康アンケートから課題の抽出
第2フェーズ （10月から11月）	10回-13回 ・課題から取り組みターゲットと取り組み内容の決定

検診の受診率向上」、夜勤明けの追突事故が2件続いたことから「シフト勤務者の睡眠」となりました。

実施内容は、がん検診の受診率向上については、社内ニュースにより具体的な受診方法の紹介、朝礼などの会議にて受診勧奨、衛生委員会にて部単位で受診率報告などを実施、睡眠については、若年者が睡眠について問題を抱えていたことから新たにシフト勤務に入る社員に、睡眠衛生教育、チーム単位での会議時に、睡眠クイズを考えてもらうという対策をとりました。翌年の結果として、がん検診受診率は、52.5%となり、シフト勤務者の事故は0件となりました。

この取り組みの中で、保健師は黒子として、委員会メンバーが自分達で考えることができるよう、アンケートの実施と集計、資料作成、委員長と下準備など、委員会で議論がスムーズにいくためのサポートなど、委員会の自律化を意識し関るようにしていました。

以上、一部の事例紹介ですが、産業保健職の役割として、個人への支援から、会社全体の健康課題への取り組みを担うことが理解していただけるのではないでしょうか。

2-4 ▶ 健康経営を推進する際の産業保健職の位置づけ

健康経営を推進するときには、**図1**のように3段階のアプローチがあります。例えば、生活習慣病の場合、**図1**の上から、疾患発症後の休業や復職者への対応、治療が必要な人やその予備軍へのアプローチ、そして生活習慣病予防のための健康増進へのアプローチとなります。

健康経営を推進していくうえでは、健康問題に課題がある、病気予備軍の人へは、専門的知識やアプローチ法を持っている産業保健職が、健康増進へのアプローチは、健康経営の担当者が中心となるなど、対象者を意識しながら産業保健職を上手に活用していくと良いでしょう。

図1　支援の段階と支援者

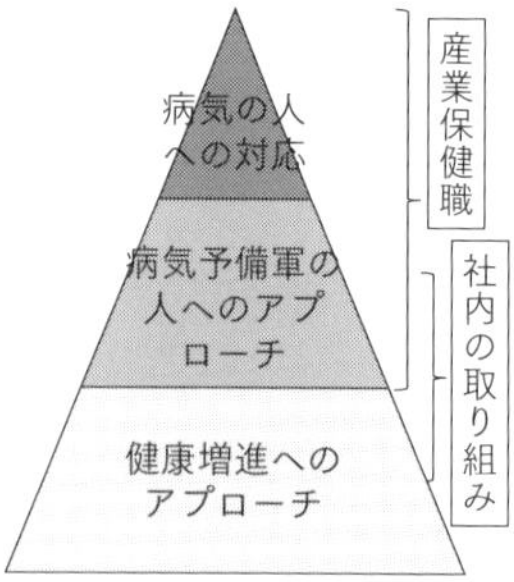

3 開業保健師による健康経営の取り組み

健康経営に取り組みたいと考えた時に、何から手を付けたら良いのかという、とまどいのお声をうかがうことが多いです。そこで筆者が取り組んでいる実際をご紹介します。

3-1 ▶ PDCA を意識した取り組み（図 2）

初めて健康経営に取り組もうとする場合、まずは現状の取り組みを把握します。健康経営優良法人の申請書と労働安全衛生法に基づいたアセスメントを用いて、現状の取り組みを可視化します（図 3）。

次に、健康診断結果の有所見率の経年変化がわかる企業では、健康診断項目とストレスチェックの有所見率の推移から、健康診断項目に基づく課題を可視化します（図 4）。さらに、従業員アンケートを実施し、仕事に影響を及ぼす健康問題、プレゼンティーズム、ヘルスリテラシー、健康診断結果の理解度、ワークエンゲイジメントを測定します（図 5）。これらの結果を基に、1 年間の取り組み項目を決定し、年間計画を立案します。取り組み内容、実施方法、評価方法も決定します。1 年終了後には、結果を再度可視化し、その 1 年間の取り組みを振り返り、次年度の計画を立てるという流れで実施しています。

健康経営では、自社にあった健康課題を PDCA を回し

図２　健康経営のPDCA

アセスメント	健康経営優良法人認定と労働安全衛生に関係するアセスメントシートの記入を依頼　従業員アンケートの実施
	アセスメントシートをもとに、具体的事項をヒアリング
	アセスメント及び、従業員アンケート、健康診断結果の確認と分析し、１年間の取り組みの提案
▼	
プラン	提案をもとに、年間計画の作成
▼	
実施	各事業所の課題に合わせ計画された事項実施
	【共通の実施内容】担当者の設置／個人記録表の作成／必要に応じ担当者からの相談 健康診断結果の把握
▼	
評価	１年後の従業員アンケートをもとに、経営層・担当者に評価、報告。 次年度に向けての計画

図３　健康経営のアセスメント

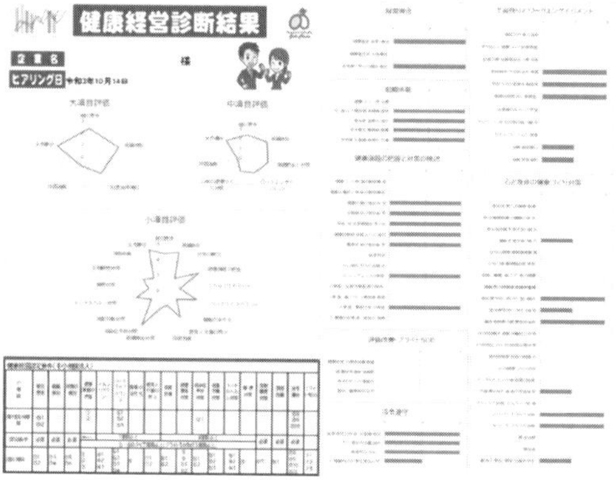

図４　健康診断有所見者経年表

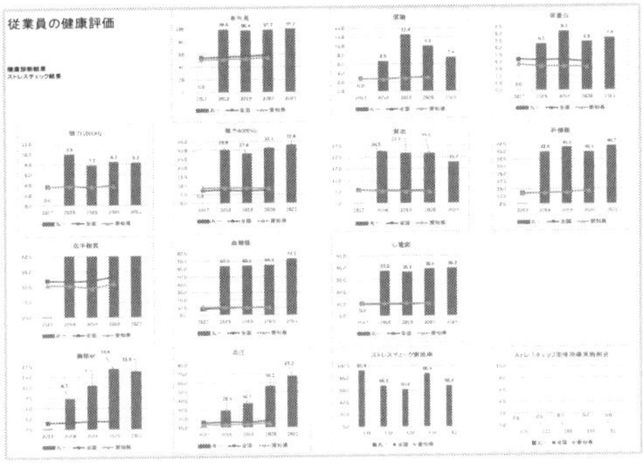

図５　社内アンケート結果票

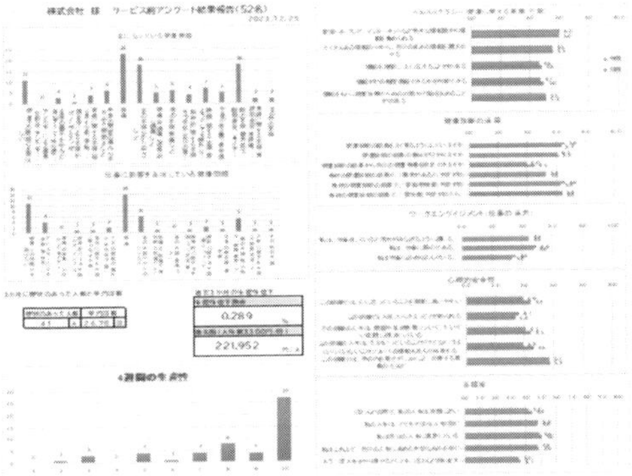

ながら取り組むことが求められており、結果や成果を確認しながら取り組んでいます。

3-2 ▶ 産業保健職（開業保健師）を活用して

上記のプログラムで支援をさせていただいている企業２

社から、「開業保健師を活用した健康経営のメリット」についいて、ご意見をいただきました。どちらも、2022年から健康経営に取り組み始め、2023年度、2024年度と2年連続で健康経営優良法人中小企業部門の認定を受けています。

名古屋市にある日研工業株式会社の常務取締役 出原様からは、「雇用主には、直接伝えにくいこともうまく聞き出していただき、離職率の低下につながりました。また、社員の普段から考えていること、改善してほしいことや悩んでいることを、第三者が間に入り、上手に伝えてくれることで従業員の安心感が増したと思います。」とのこと。

愛知県弥富市にある桜運輸株式会社　代表取締役　細江様からは、「これまで社員の健康面を物理的な面で気遣うことはしてきましたが、健康診断結果を見て具体的な提案をもらうことができること、また面談をしてもらうことで一歩進んだ支援ができるようになりました。加えて担当者と密にコンタクトをとってくださり、何かあればすぐに連絡をとることができる安心感があります。」との声をいただきました。

産業保健師という、専門的な視点を持った社外の人というかかわりは、社内の人にはいいにくい本音を語る環境づくりに貢献できているのではないかと考えています。

4 中小企業経営者のための健康経営の未来 ～健康の守護者から経営者のパートナーへ～

健康経営の推進をしていく際に、それを社内に浸透させることが課題[1]という報告があります。確かに、経営層や担当者が一生懸命取り組んでも、従業員がその取り組みを理解し、自分のこととして受け止めることができなければ、従業員の健康状態はよくなりません。自然と健康になる職場環境を作ることや、楽しみながら取り組むことができるように、ゲーミフィケーションやエンターテインメントを活用することが効果的だ[11]と言われています。その中で、私が特に注目している組織開発の取り組みをご紹介します。

4-1 ▶ 組織開発を利用した組織活性化と健康経営

健康経営支援では、健康診断後の事後指導などを通じて従業員の面談を行います。人間関係のちょっとしたすれ違いや、日常の業務に対する不安から、職場で安心して発言できないという意見が多く寄せられます。職場に対する不満や諦めを抱いている従業員が増えると、メンタル不調者や離職者、さらには労働災害が増加します。お話を伺っていると、ちょっとしたボタンの掛け違いから問題が起こっていることが多く、小さな不満等を保健師に吐き出すだけでなく、職場自体で解決する力を持つことが重要だと感じています。

職場環境や関係性を改善する方法として、産業保健分野では、ストレスチェックをもとにした、「いきいき職場づくり」という取り組み[12]があり、さまざまな実践ツールが開発されています。一方、人事労務部門では、「組織開発」[13]として取り組みが行われています。組織開発という言葉を使うことで、産業保健分野だけでなく人事労務分野と連携して取り組むことが可能になります。産業保健師と共に職場改善の取り組みを行った報告では、「産業保健師がメンバーを第三者の視点から見ることが可能になり、管理職が気付きにくい実態を伝えることができるようになった。一方、メンバーからも産業保健師に相談しやすい状態になっていった。このことが、不調者及び予備群の早期発見（二次予防）につながっていった。」[14]と報告されています。

組織開発の取り組みが、人間関係改善、コミュニケーション促進、そして従業員の協働と自己革新力向上を通じて、全社の売上を112%にまで高め、業績を向上させたという報告があります[15]。これは、健康経営が目指す生産性の向上に寄与する取り組みといえるでしょう。今後は、健康経営と組織開発が一体となり、社内の健康づくりや組織内の関係性の改善、コミュニケーションの促進などを推進することで、生産性向上につながる健康経営の推進が期待できると考えています。

4-2 ▶ 健康経営に取り組みを始めたい企業様に ～支援機関を上手に利用しよう

最後に健康経営に初めて取り組むことを考えている中小企業が利用できる支援サービスをご紹介します。

まずは、ネットで「ACTION ！健康経営」というサイトを見てみましょう。国の健康経営に関する情報がこのサイトに集約されています。

次に、自社の健康保険組合に相談します。健康経営申請をする前に必要な「健康宣言」受け付けてくれる窓口になります。健康経営優良法人の認定は「国」によるものですが、「県」や「市町村」が独自の認証を行っている場合もありますので、自分が住んでいる地域の仕組みも教えてもらうとよいでしょう。

国が認証している健康経営の仕組みを理解するために、東京商工会議所が「健康経営アドバイザー」という資格制度を設けています。オンラインで受講できるため、担当者になる方はぜひ活用することをお勧めします。

また、都内の企業に限りますが、東京商工会議所では専門家派遣制度があり、健康経営エキスパートアドバイザーを年５回派遣しています。自県でこのような制度がないか確認するとよいでしょう。

次に、50 人以下の事業所には、都道府県に１つずつ設置されている産業保健総合支援センターが利用できます。メンタルヘルス対策相談員や仕事と治療の両立支援対策相談員の派遣を無料で行っています。その下部組織である地域産業保健センターでは、健康診断後の医師の意見、保健指導、長時間労働者、メンタル不調者に対する登録産業医や登録保健師による面接指導を無料で実施しています。これらのサービスを積極的に利用するとよいでしょう。

自社を継続的に見てくれる産業保健職がほしいと考えている企業には、近年増加している独立系産業医や開業保健師を活用するとよいでしょう。2013年に設立された日本開業保健師協会[16)]は、開業保健師のマッチング事業を行っており、開業保健師を探す際に活用するとよいでしょう。

健康経営で利用できる助成金として、団体経由産業保健活動助成金やエイジフレンドリー補助金があります。これらを活用しながら健康経営に取り組むことで、社内の取り組みのハードルを下げることができるでしょう。

5 まとめ

中小企業の健康経営推進：産業保健職の活用とその可能性について、筆者の経験をもとに述べてきました。健康経営優良法人の認証が、2016年からはじまり、飛躍的にその取り組みは広がっています。皆様の会社でも、自社の課題にあった取り組みを少しずつはじめて、より働きやすく、自然に健康になれる職場を作っていきましょう。その取り組みの中に、産業保健職がお手伝いできることがあればぜひご活用ください。

参考文献

1) 永田智久・永田昌子・森晃爾（2020）「労働者の健康施策の経営上の目的、効果および公表に関するアンケート調査」『労働災害防止対策の推進とESG投資の活用に資する調査研究』pp.67-94
2) 新井卓二・上西啓介・玄場公規（2019）「『健康経営』の投資対効果の分析」『応用薬理』96, no. 5-6, pp.77-84
3) 労働者健康安全機構（2021）「令和2年度　事業場における保健師・看護師の活動実態に関する調査」, https://www.johas.go.jp/Portals/0/data0/sanpo/pdf/hokenshitou_katsudojittai_chosahokokusho.pdf.（2024年5月31日参照）
4) 総務省統計局「I-4.　従業員規模別」, https://www.stat.go.jp/jigyou/2006/kakuhou/gaiyou/04.thml.（2024年5月31日参照）
5) 水越真代・新井卓二（2023）「中小企業所における健康経営優良法人認定取得の要因について」『産業衛生学会33回全国協議会』pp.288.
6) 厚生労働省「産業保健のあり方に関する検討会 第1回資料」, 資料3, https://www.mhlw.go.jp/stf/newpage_28581.html.（2024年5月31日参照）
7) 厚生労働省「令和4年衛生行政報告例（就業医療関係者）の概況」, https://www.mhlw.go.jp/toukei/saikin/hw/eisei/22/.（2024年3月11日参照）
8) 水越真代・新井卓二（2024）「中小企業における健康経営優良法人取得と産業保健との関連」『日本産業看護学会誌』11, no. 1, pp.1-11
9) 水越真代（2019）「健康委員会の活性化の取り組み」『92回日本産業衛生学会講演集』, pp.514
10) 水越真代（2020）「『健康課題の可視化取り組み～ 眠気・睡眠に注目して～』」『開業保健師研究』1, no. 1, pp.17-21

11）松本友里（2024）「自然と健康になる職場環境に向けた新しいサービスづくりの経験」『医療と社会』33, no. 4, pp.540–547
12）令和2-4年度労災疾病研究事業研究「小規模零細事業場の構成員に必要な支援を効率的に提供するツールと仕組みを通してメンタルヘルス対策を浸透させることを目指す実装研究（200401-01）「いきいき職場づくり」，https://ikiikisyokuba.jp/.（2024年3月31日参照）
13）OD Network Japan ホームページ，https://www.odnj.org/.（2024年5月31日参照）
14）北居明・多胡雅博・深井恭佑（2021）「現場と産業保健の協力における職場改善の試み：K社研究開発部門の事例研究」『組織開発研究』no. 5, pp.42–59
15）高橋妙子・中村和彦（2021）「組織開発の取り組みが業績向上につながる影響過程：中小企業における事例研究」『組織開発研究』no. 5, pp.74–93.
16）「日本開業保日本開業保健師協会「日本開業保健師協会の理念」，http://jhna.jimdofree.com/.（2024年3月12日参照）

第4章

産官学健康経営企業訪問プロジェクトに参加して

鈴木 歩弥・磯野 彰彦

04

この章では、「ホワイト500企業訪問プロジェクト（現：産官学健康経営企業訪問プロジェクト）」の概要と、参加した一員としての見解を紹介します。

1 きっかけは就職活動

著者の母校である昭和女子大学は、「学生が自らの生き方をデザインするためのキャリア支援」が充実しており、2022年には『大学通信』調べ（卒業生1,000人以上）で実就職率（就職者数÷[卒業者数－大学院進学者数]×100）が12年連続女子大No.1、という結果を出しています。その中で、昭和女子大学キャリア支援センターがメインとなって就職活動に関するさまざまな講座が開催されています。そこでは主に、自己分析の仕方・履歴書の書き方・業界研究のやり方などを外部講師やキャリア支援センターに配属された大学職員から学ぶことができます。また、主に毎年の夏に全学生に向けて単位認定となるインターンシップもあり、1週間から2週間かけてそれぞれが興味のある業界の仕事を体験し、そこで学んだことを11月に報告会を行っていました。さらには、著者が所属していた現代教養学科も3年生を対象にしたSPI試験の対策講座や、全学年を対象にした卒業生から就職活動についての話を聞くことが出来るプログラムがあり、学科ごとの特色を活かした就職対策プログラムが行われていました。

このような環境の中にいた著者は、2018年4月に昭和女子大学3年生に進級し、4月からさまざまな講座やプログラムに積極的に参加しようと情報収集していました。その中で、通学途中の電車の中で何気なくキャリア支援センターから発信される情報を閲覧していた時に、「『就職時に役立つ！ホワイト500企業訪問プロジェクト』説明会開催情報」を見つけました。就職活動に役立つのであれば参加してみようと思い、前年に参加していた友人の勧めもあり、この説明会に参加しました。

また、このプロジェクトに参加したもう1つの理由は、2016年に大手広告代理店である「電通」の新入社員であった高橋まつりさんが長時間労働やパワーハラスメントをきっかけに自殺してしまった事件を知っていたからです。国が定める労働基準法は「労働時間は原則として、1日8時間・1週40時間以内とされています」と規定されていますが、当時の高橋まつりさんは1日20時間勤務していたようです。著者は、時間外労働・休日労働に関する36協定が出されていたとしても、1日20時間の勤務が連日行われているような企業への就職はためらいがありました。そこで、世間から言われている「ブラック企業」にはなるべく就職しないように、このプロジェクトに参加することで、自分自身のプライベートな時間もきちんと確保することができる企業を見極める力を身に付けようと考えました。

次は、本プロジェクトの概要について述べていきます。

2 プロジェクトの概要

本プロジェクトは、著者が2018年に初めて参加する前の2016年から始まりました。筆者の一人である新井が昭和女子大学研究員として勤務していたころ、昭和女子大学の学生と共に「健康経営」の訪問研究プロジェクトを開始しました。著者は当時大学1年生であり、このプロジェクトがあることすら知りませんでした。2016年の参加学生は2名でしたが、著者が参加した2018年と2019年には昭和女子大学生だけではなく、大阪大学や山野美容芸術短期大学の学生も参加者に加わったことから、参加学生は15名になりました。

このプロジェクトでは、新井が厳選した健康経営の促進に積極的に取り組んでいる企業へ夏に数社訪問し、各企業の健康経営に関する取り組みを学びました。本プロジェクトにおいて、2016年から2023年までに訪問した企業名と参加大学は**表1**の通りです。

当時のプロジェクトの流れとしては、以下のように進めていました。

1. 参加学生がそれぞれの企業の担当となり、訪問前に担当企業のHPや本、インターネットなどを用いて取り組み内容を調べてからメンバーに共有する

表1　ホワイト500企業訪問プロジェクト　企業名と参加大学

年	企業名（日程順）	参加大学（参加人数）
2016	経済産業省、ルネサンス、フジクラ、協会けんぽ東京支部	昭和女子大学（2）
2017	経済産業省、ローソン、アサヒ飲料、オムロンヘルスケア、SCSK、DeNA、全日本空輸、ヤフー、東京急行電鉄、フジクラ	昭和女子大学（25）
2018	経済産業省、富士通ゼネラル、日本航空、FiNC、大京、ベネフィット・ワン、ダスキン、ミズノ	昭和女子大学、大阪大学、山野美容芸術短期大学（15）
2019	経済産業省、凸版印刷、保健同人社、ヤフー、NSD、SMN（旧ソネット・メディア・ネットワークス）、ワコール、堀場製作所、アシックス、バンドー化学	昭和女子大学、大阪大学、山野美容芸術短期大学（15）
2020	コロナ感染症拡大のため中止	
2021	経済産業省、丸井グループ、アビームコンサルティング、東京海上日動システムズ＆東京海上ホールディングス、サンスター、江崎グリコ（オンライン）	昭和女子大学、武庫川女子大学、神奈川大学、山野美容芸術短期大学、大阪大学、和光大学（16）
2022	経済産業省、ウィングアーク1st、富士通、カゴメ、ブラザー工業、愛知銀行	昭和女子大学、武庫川女子大学、神奈川大学、山野美容芸術短期大学、大阪大学、大阪公立大学（17）
2023	経済産業省、ニッスイ、明治安田生命、浅野製版所、パソナ	昭和女子大学、大阪大学、山野美容芸術短期大学、千葉工業大学、武蔵大学、武庫川女子大学、大阪府立大学（16）

※株式会社は省略

2. 訪問の際に、調べた時に出てきた不明点などを、担当者が各企業の社員の方へ質問する
3. 訪問先で学んだことをFacebook「新井研究室（旧：健康経営 新井研究室）」に投稿する
4. プロジェクトの集大成として、冬に外部向けとして報告会で発表する

当時訪問した企業は大企業だけでなく、中小企業もありました。また健康経営優良法人（ホワイト500）を取得しただけではなく、健康経営銘柄も数年連続して取得した企業がありました。訪問時間は数時間だけでしたが、それぞれの企業で行われている取り組みの説明だけではなく、企業によってはオフィス見学などもさせて頂きました。

次は、実際に参加した企業の印象的な取り組みを述べていきます。

3　印象的な取り組み事例

著者が2018年・2019年、そして社会人の立場として参加した2023年に訪問した合計20社の中で、今回は特に印象に残っている3社を紹介します。

まず、2018年に訪問した「ダスキン」の取り組みです。あの有名な“ミスタードーナツ”や、掃除用品のレンタルでおなじみの「ダスキン」では、海外展開を行いながら、

フードグループと訪販グループの2つを事業内容としています。健康経営優良法人認定制度が始まった2017年度から7年連続で健康経営優良法人を取得しています。ここまで連続して取得できる一つの理由として、「事業所（会社)、健康保険組合、労働組合（社員代表）による三位一体の体制」が関係していると思います。この年に訪問した企業の中で唯一、労働組合が健康経営に関わっている企業であったため、より細かく社員の状態を把握できて、取り組むべき課題が明確化されるのではないかと推察しました。そして「ダスキン」で印象的な取り組みとしては、エレベーターの押しボタン付近に階段推奨のポスターが張られていたことです。

この取り組みは当時のHPに掲載がなく大阪にある本社の社内案内をして頂いた時に説明を受けました。普段何気なくエレベーターを使用してしまいますが、こうした案内

図1　階段推奨ポスター

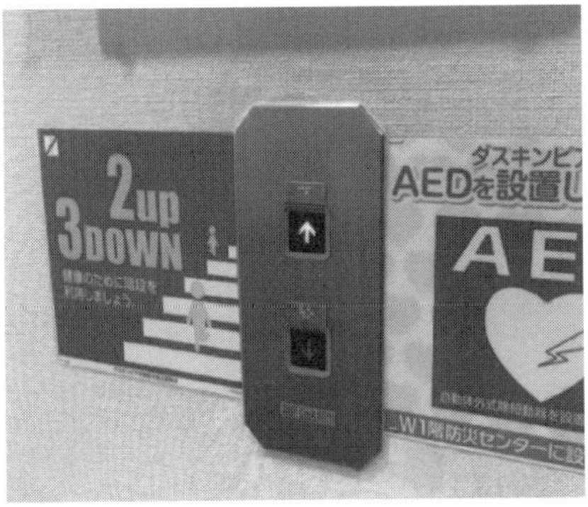

が各フロアにあることで、健康を意識するきっかけとなることが分かりました。このように、日々働く中で目にする場所から取り組みを始めていけば、社員の健康維持に努めることができるでしょう。

次は、2019年に訪問した「NSD」の取り組みです。「NSD」は、ITを活用したシステム開発事業とソリューション事業を行っています。2018年から6年連続で健康経営優良法人に認定されています。「NSD」の場合は、「社長を最高責任者、人事担当役員を施策企画・実行のトップとし、人事部がヘルスケア事業部およびNSD健康保険組合と連携」した体制となっています。人事部に所属する社員が積極的に関わっていくことで、案が出たさまざまな取り組みを直ぐに実行していくことができると当日の訪問から学びました。そして、「NSD」の印象的な取り組みは、自社で開発した健康アプリ「CAReNA(カレナ)」です。以前から「デスクワーク中心の業務による運動不足に課題がある」と指摘されていたため、このアプリを用いて"健康ポイント制度"を2017年度から活用しながら、社員の健康課題の解決に向けて動いています。このポイント制度は健康食品や家電製品と交換ができるとのことで、もしかしたら欲しい景品があるかどうかで、社員の意識の差が開いてしまうのではないかと懸念されます。また、この取り組み以外にも、本社内に脳トレを行える機械も備わっていました。

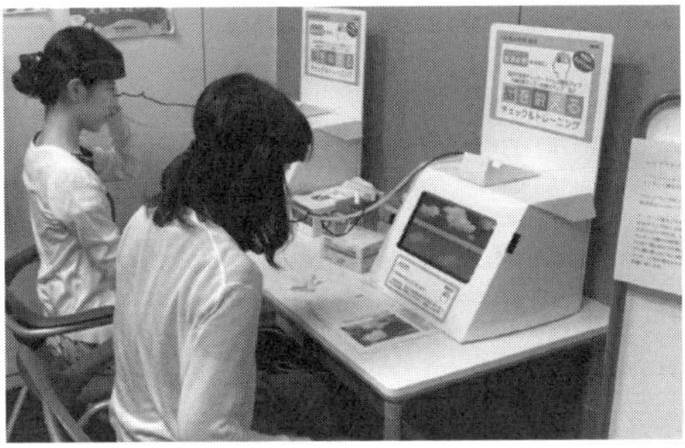

図2　脳を鍛えるチェック&トレーニング

最後は、2023年に訪問した「浅野製版所」です。「浅野製版所」は新聞・雑誌広告・OOH・商業印刷類の企画、デザインを行っています。「浅野製版所」も「ダスキン」同様、2017年から7年連続で健康経営優良法人に選ばれており、中小企業が選出されるブライト500にも選ばれています。健康経営推進体制として、代表取締役と、健康経営アドバイザーの資格などを持つ5名からなる健康経営推進チーム・経営企画部部長が中心となって、健康経営を周知・実行しています。健康経営に関する施策を考える際には、全社員との面談の中でヒアリングをした意見を参考にしていることが強みであると訪問した際に学びました。私も以前、健康経営優良法人を取得した企業に勤めていましたが、本社以外で働く多くの社員からも意見を募った施策の方が全社員は強制感を持たずに気兼ねなく取り組むことが出来ると感じています。数えきれないほどの取り組みがありましたが、その中でも印象的なものは、「浅野

図３ “女性の健康あるあるかるた”を経験

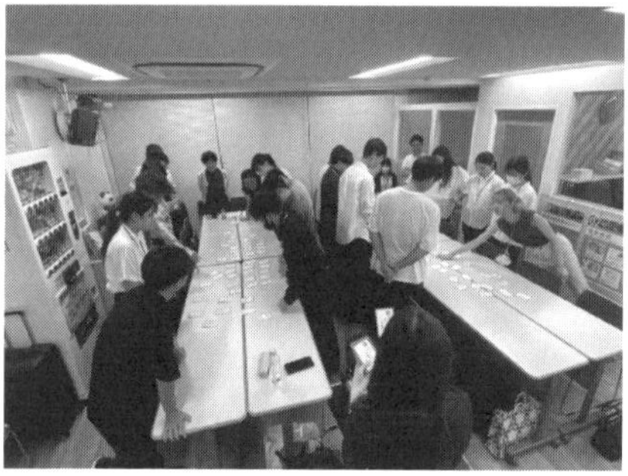

製版所」を含めた中小企業４社の女性社員らの意見交換会をもとにした“女性の健康あるあるかるた”です。実際の声がもとになったかるたのため、これをきっかけに誰もが女性の健康について話すことが出来るようになっていくことを願っています。

4 プロジェクトに参加して得られるもの

次に、このプロジェクトに参加することで得られるものについて紹介します。上記のような健康経営優良法人を取得した企業を訪問することで、HP上に記載されていた取り組みを経験することができ、実際に取り組みを経験している社員の声を直接聞くことができることがこのプロジェクトに参加するメリットであると考えています。ただ、担当の企業を調べて訪問するだけが目的のプロジェクトではなく、さまざまな大学の学生が参加するチームメンバーとどれだけ協力しながら進められるかがカギとなるため、協調性や主体性が必要になってくるプロジェクトとなっています。

著者自身、このプロジェクトに参加したことで気づいたこと・身に付く能力は、以下の3つであると考えています。

1つ目は、**"徹底した企業研究を行うこと"**です。他大学の企業訪問プロジェクトの流れは把握できていませんが、上記で記載したように、訪問前に担当企業へ事前に疑問点などを質問することが出来ます。例えば、健康経営の取り組みに関するサイトに"喫煙者に対するアプローチ方法"の話題が記載してあり、そのサイト内に具体的な社内での対策が記載されていなかったとしても、企業のプレスリリースや前の年度までの取り組みの紹介サイトなどがあれば、こちらに記載されている可能性もあります。そのため、実際の社員の方々へ取り組みに関する実施感想を聞きたい場合を除いて、綿密な企業研究が必要となります。もし、自分自身が調べた中で不明点が出てくれば、チームでの共有の際や、各大学の先生方へアドバイスをいただくことも可能です。こうしたスキルや力が就職活動の企業研究や、卒業論文、そして社会人となった際に新規営業を行う時のクライアント先を事前に調べる場合に役に立つと感じています。

2つ目は、**"協調性"**です。マイナビ転職は、協調性を「ただ周囲の人と仲良くするだけでなく、立場や主張が異なるメンバーとも円滑にコミュニケーションを取り、同じ目標に向かって仕事を進めることができること」と書かれています。ここでは、協調性を以上のような定義として説明をします。著者が2023年に参加した際には、プロジェクトの最後に待ち構えている報告会で、各チームが訪問企業を行ったうえで学んだことをもとにテーマを決めて発表する機会がありました。各チームを見ていると、「全員で」計画を立て積極的に意見を述べるチームの方が、テーマに対してチームの意見が具体的にかつ細かく考えられていたように見受けられました。

この“協調性”は、企業が大学生の採用選考活動を行う上で学生に求める力の一つとなっています。株式会社ダイヤモンド・ヒューマンリソースが『ダイヤモンド就活ナビ

図4　企業の選考重視点と学生のアピールポイント比較（それぞれ上位3位まで）

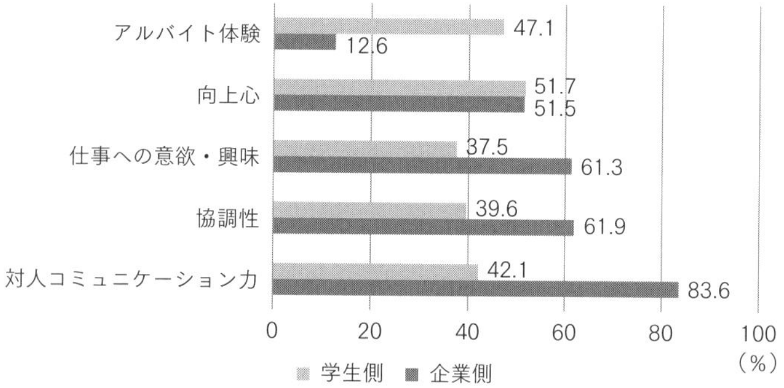

（出所）株式会社ダイヤモンド・ヒューマンリソースが作成した表から、鈴木が作成

2024』登録者で2024年3月大学卒業予定者、および大学院修了予定者と全国の企業向けに行ったアンケート調査から「企業の選考重視点と学生のアピールポイント」で“協調性”の部分を比較してみると、企業は61.9%が選んでいるのに対し、学生は39.6%の結果となっていることが分かります。つまり、学生が考える以上に企業は学生の協調性を評価しているのです。

一方で、学生がアピールポイントで選んだ項目において、上位3位に協調性がランクインしていないことが分かります。さらに、このアンケート結果から、学生は向上心やアルバイト体験をアピールしたいと考えていますが、企業は対人コミュニケーション力や協調性を重視していることが読み取れます。このように、学生と企業でアピールしたい点と重視する点のギャップが生じています。“協調性”についても、20%以上の差が開いています。本プロジェクトでは、何となく参加するだけでは“協調性”が必ず身に付くとは言い難いです。協調性は、参加する学生自身が、自主的にメンバーとコミュニケーションをとり、自らの役割を果たしていくことで身に付く力であると感じています。著者が大学卒業後、小売企業の店長として働いていた際、1つのお店を経営するためには店長1人だけの働きでは成り立たないことに気づきました。店長を含む従業員全員が取り組んでいくことで、お店の経営課題を解決することが可能となったことから、協調性の重要性を痛感しました。

3つ目は、**“ヘルスリテラシー”を高めていく一つのきっかけとなる**ことです。“ヘルスリテラシー”とは、「生活の質を向上させるため、保健医療や疾病予防、ヘルスプロモーションに関する情報を「入手」「理解」「評価」「活用」する能力」と中山和弘教授は公衆衛生学者ドン・ナットビームが定義した意味を踏まえ、公衆衛生学者クリスティン・ソーレンセンの定義をもとに紹介しています。企業訪問では、実際に企業の方から自社で健康経営を始めたきっかけ・取り組み内容・取り組み後の結果などを詳しく話を伺うことが出来ます。そうすることで、参加する学生自身は、こういう特徴の社員がいたらこの取り組みから手を打っていくことが問題を解決へ導くのではないか、といった頭の引き出しができると推測します。また、2021年から新井がこのプロジェクトに参加した大学生に、プロジェクト参加前後でヘルスリテラシー尺度（CCHL）について5段階評価（1. 全くそう思わない、2. あまりそう思わない、3. どちらともいえない、4. まあそう思う、5. 強くそう思う）で5つ質問したアンケートを実施しています。アンケートの質問事項とその結果は以下の通りです。

［質問項目］

1. 新聞、本、テレビ、インターネットなど、いろいろな情報源から情報を集められる。

表2　ヘルスリテラシー（CCHL）の前後平均値比較　参加人数前49人、後28人

質問項目	前	後
1	4.15	4.21
2	3.73	3.97
3	3.51	3.86
4	3.55	3.72
5	3.29	4.04

（出所）鈴木が作成

2. たくさんある情報の中から、自分の求める情報を選び出せる。
3. 情報を理解し、人に伝えることができる。
4. 情報がどの程度信頼できるかを判断できる。
5. 情報をもとに健康改善のための計画や行動を決めることができる。

この結果から回答者の人数に差はありますが、各項目で平均値が上昇していることが分かります。さらに、平均値の差が統計的に意味のある差かどうか検定するためt検定を行ったところ、問5について $t=-3.44$、$df=61$、$p=.001$ となり、統計的に優位な結果となっていました。そのため、実際に参加した大学生の結果からもヘルスリテラシーを向上するきっかけとなっていることが読み取れます。

さらに、実際に参加して気づいたことは、それぞれの会社が実施している取り組みの中には、大学生の立場でも意識すれば病気などの予防として出来るものもありました。例えば、2023年に訪問した「ニッスイ」では、食品会社ならではの取り組みとして、社員にEPA/AA比（青魚に多く含まれる成分で「n-3系脂肪酸」のひとつであるEPA（エイコサペンタエン酸）と、肝臓、皮膚、脳など、人間の身体のさまざまな組織を構成する主要な成分である「n-6系多価不飽和脂肪酸」のひとつであるARA（アラキドン酸）のバランス）を意識した食事を摂ってもらっています。会社では、このEPA/AA比を部署別にランキング化して、社員に魚や肉をバランスよく摂取してもらうように促しているとのことですが、この取り組みに関しては、「ニッスイ」の社員だけではなく、大学生でも取り組むことができます。EPA/AA比が計算できないとしても、日常生活の食事で肉類だけを摂取するのではなく、意識的に青魚を摂取するというように活用が期待されます。こうした日常生活での小さな意識の差が、本人の健康につながり、ヘルスリテラシーを向上していくきっかけとなることでしょう。

次は、今後このプロジェクトに参加する学生や企業の方々へ向けたメッセージを紹介します。

5 これからの産官学健康経営企業訪問プロジェクトに期待すること

まず、このプロジェクトに参加したいと考えている学生に向けて、以下の2つをお伝えします。

1つ目は、“目的をもってこのプロジェクトに参加してほしい”ということです。人それぞれプロジェクトに参加する理由は異なると思います。ただ、参加をした結果「企業訪問をしただけ」となってしまうのはできるだけ避けてほしいです。「各企業の健康経営の取り組みを学ぶ」「就職活動をするときの参考にしたい」というような目的をもって参加をした方が、目的をもたずに参加している人に比べて参加後に得るものが多くなると予想されます。おそらく、参加しているときはどういった力が身に付いたか把握しにくいでしょう。著者自身はプロジェクト参加時、就職活動の役に立てばいいという目的で参加していましたが、参加後に就職活動での企業研究・報告会での発表スライドの魅せ方・協調性など、多くのことを同時に学んだと気づきました。後になって気づくことが出てくる場合もあるため、積極的にこのプロジェクトに参加してほしいと願っています。

2つ目は、“自分自身が望む働き方を決める手段として使ってほしい”ということです。短期間で複数の会社を訪問することで健康経営の取り組みを数々学ぶことができます。複数の会社の取り組みを比較する中で、従業員の規模によってできるものが異なることが分かります。その際に、自分自身がどのぐらいの従業員がいる中で働きたいのか、他社で学んだ健康経営の取り組みをより多くの企業へ伝えていきたい仕事をしたいのかというように、プロジェクトに参加しながらどのような会社で働きたいのかを考えていく１つのきっかけにもなると考えます。実際に、このプロジェクトに参加したことで健康経営を含めた福利厚生・ヘルスケア事業へ就職した友人もいます。キャリアプランへも直結するプロジェクトとなる可能性を秘めているため、これを機に数々の大学でこうしたプロジェクトが開催されてほしいです。

次に、このプロジェクトの訪問企業として受け入れが気になっている健康経営銘柄等を取得した会社の方々へ、以下の２つをお伝えします。

１つ目は、“学生に会社をアピールできる場所として利用してほしい”ということです。日々の業務で多忙の中、わざわざ資料・時間を作ってまで健康経営について大学生に話すことは難しい企業の方がほとんどであると予想します。しかし、見方を変えてみると、各大学の先生や学生と関わることで、リクルート効果にも繋がります。実際に学生の立場で訪問した時、健康経営の話だけではなく、業務内容の説明や興味のある人にはインターンシップの案内などもされていました。以上のような参考例を踏まえ、上手に活用していただけることを願います。

2つ目は、“今後行おうと考えている取り組みに学生の意見を参考にしてほしい”ということです。企業に訪問して話を伺う時は、チームのメンバーで席を囲むことがほとんどでした。その際、チームでディスカッションをして発表する機会もありました。企業によって話題は異なりますが、一例として「うちの会社の一員となったと仮定して、日本の健康経営を海外へ広めるためにはどうアプローチをしますか？」、「健康に興味を持ってもらうきっかけを作るならどういう案がありますか？」といったものがありました。福利厚生サービスを事業とする会社であれば、これからの事業戦略の案の参考例となるかもしれないです。他の企業の方でも、社員へ健康の意識をもってもらう方法や継続的に取り組みを行っていく方法などを聞いてみることで、社会人の考えだけではなく、第三者である大学生の考えから想像もしていなかった意見を聞くことができることでしょう。

以上のことを、今後このプロジェクトの受け入れを検討している企業の方が参考にしていただければ幸いです。

このように、2016年から昭和女子大学で「ホワイト500企業訪問プロジェクト」として始まったプロジェクトが「産官学健康経営企業訪問プロジェクト」となり、2024年で8年目になります。参加大学も徐々に増加していることから、ぜひ全国の大学にこのプロジェクトの存在が広まり、形は同じではなくても、各大学のプログラム化となることを祈っています。

参考文献

新井卓二・玄場公規（2019）『経営戦略としても「健康経営」従業員の健康は企業の収益向上につながる！』, pp.100-109

ASANO「健康経営の取り組みについて，当社の健康経営の取り組み内容を知りたい方」,
https://www.asanoseihanjyo.co.jp/health_management/health_management_contents.html.（2024 年 1 月 3 日参照）

新井研究室（旧健康経営新井研究室），2018 年 8 月 23 日【2018 健康経営　新井研究室】,
https://www.facebook.com/AraiLabo/posts/pfbid0WzLeikGmeUb31JsKFcYpUi7ZbGu6EG97hNNAHi36PYTp7pRKKFEKkh9jTTqrs9mWl.（2023 年 12 月 23 日参照）

新井研究室（旧健康経営新井研究室）.【2023 ＃産官学連携健康経営訪問プロジェクト／2 社目＃ニッスイ】,
pfbid0hDgc9u4dPpu1rfsdK9VinYUmhav6ce8cfvem6h8wzCwPbQtcs719ZCuxhYjjysYCMl.（2023 年 12 月 23 日参照）

新井研究室（旧健康経営新井研究室）, 2019 年 8 月 20 日〈産学連携〉【2019 夏 健康経営訪問プロジェクト⑤（NSD）】,
https://www.facebook.com/AraiLabo/posts/pfbid0zfqXLAdZcCZVtfZ3esdsqbb8ePG67CMmVNoYLK5uJJpF18VskpbmdtksALaRqeUNl.（2023 年 12 月 23 日参照）

新井研究室（旧健康経営新井研究室），2023 年 9 月 6 日【2023 ＃産官学連携健康経営訪問プロジェクト／4 社目＃浅野製版所】,
https://www.facebook.com/AraiLabo/posts/pfbid0HaKucwYKwagRSoMyoNbsYmj3zsckq4JKYGEPf6ZdJAKrh4HoKeBAeHK6Pbhjg3cCl.（2023 年 12 月 23 日参照）

新井卓二「大学生の健康経営企業訪問プロジェクトの概要と研究報告 2016 年～2019 年の研究 Review」『山野研究紀要第』28 号 2020・第 29 号 2021, pp.52-55.
https://www.jstage.jst.go.jp/article/yca/28.29/0/28.29_51/_pdf/-char/

ja.（2024 年 1 月 3 日参照）
NSD「企業情報，会社概要」, https://www.nsd.co.jp/corp/corp.html.（2024 年 1 月 3 日参照）
NSD「健康経営」, https://www.nsd.co.jp/sustainability/health-management/.（2024 年 1 月 3 日参照）
厚生労働省「36 協定で定める時間外労働及び休日労働について留意すべき事項に関する指針」, https://www.mhlw.go.jp/content/000350731.pdf.（2023 年 12 月 20 日参照）
サントリーウェルネスオンライン「アラキドン酸（ARA）の働きとは？役割や含まれる食べ物、1 日の摂取量について解説」, https://www.suntory-kenko.com/column2/article/750/.（2024 年 1 月 8 日参照）
サントリーウェルネスオンライン「「EPA」の働きとは？役割や含まれる食べ物、一日の摂取量について解説」, https://www.suntory-kenko.com/column2/article/311/.（2024 年 1 月 8 日参照）
昭和女子大学「キャリア支援」, https://www.swu.ac.jp/career/.（2023 年 12 月 21 日参照）
昭和女子大学「昭和女子大学大学案内 2024」, pp.4-9 https://www.d-pam.com/swu/2311338/index.html?tm＝1#target/page_no＝1.（2024 年 1 月 9 日参照）
DUSKIN「サステナビリティ，健康経営」, https://www.duskin.co.jp/sus/social/health/.（2023 年 12 月 26 日 参照）
DUSKIN「Corporate Report 2021 ダスキン統合レポート，社会価値の向上を目指して」, pp.46-47. https://www.duskin.co.jp/sys_file/arc/ir/library/report/pdf/corporate_report2021.pdf.（2023 年 12 月 26 日参照）
東洋経済オンライン「感染予防でヨーグルト食べる人に「欠けた」視点　日本人の「ヘルスリテラシー」はあまりに低い」2020 年 11 月 3 日, https://toyokeizai.net/articles/-/384532.（2024 年 1 月 8 日参照）
ダイヤモンド・ヒューマンリソース「2024 卒採用・就職活動の総括,

企業と学生の意識格差」, p.39, https://www.diamondhr.co.jp/report/24sokatsu.pdf.（2024年1月3日参照）

マイナビ転職「協調性とは？仕事で必要とされる理由や身に付ける方法」,
https://tenshoku.mynavi.jp/knowhow/pr_sample/sample/26/.（2024年1月6日参照）

三井物産「陽だまり（未来に、ウェルネスの発想を。）. 2023.04.05. ヘルスリテラシーとは：健康・医療情報を活用し、豊かで幸せな生活を実現する力」. https://www.mitsui.com/wellness/174/.（2024年1月3日参照）

読売新聞オンライン「1日20時間も会社で仕事､辛くてたまらなかったよね…高橋まつりさん死去6年で母手記」,
https://www.yomiuri.co.jp/national/20211224-OYT1T50313/3/.（2023年12月20日参照）

第5章

地方自治体における健康経営の取り組み

新井 卓二

05

1 管轄管内への健康経営の普及の取り組み

日本においても健康経営に取り組む企業が増え、普及するに伴い、企業以外の地方自治体でも健康経営の効果（主に社会／p.6の図、右下参照）を得ようと、管轄内で健康経営に取り組む企業を増やそうとする動きがあります。経済産業省の補助事業である「ACTION健康経営」の「地域の取り組み」[1)] によると、すべての都道府県において健康経営の支援が行われています。都道府県の「健康経営優良法人2023（中小規模法人部門）」の認定数は**表1**の通りです。

認定数でみると2022年度14,012件→2023年度16,733件の約19%（2,721件）の増加となり、全ての都道府県で増えていることが伺えます。しかし「序章」に記した通り、1人以上雇っている中小企業は約178万社となりますので認定数は約1%となっており大企業に比べると現時点での浸透は遅いと言えます。しかし2016年度の認定開始から2023年度までの申請数は年平均71.5%と増えていますので、今後の伸びが期待できます。

健康経営の普及は前述の通り大企業を中心に普及してきました。これからは経済産業省が常々発信している通り、「日本のすべての法人が健康経営に取り組む」ことを目標とした際の第2フェーズとして、情報が届きづらい日本全

表1 「健康経営優良法人2024（中小規模法人部門）」の都道府県別の認定数 ※（ ）内は前年からの増減率

都道府県	認定数	昨年対比	都道府県	認定数	昨年対比
北海道	614	133%	青森県	166	133%
岩手県	126	108%	宮城県	419	120%
秋田県	144	111%	山形県	313	113%
福島県	282	113%	茨城県	290	169%
栃木県	192	124%	群馬県	288	117%
埼玉県	334	125%	千葉県	286	118%
東京都	1,156	129%	神奈川県	449	130%
新潟県	276	122%	富山県	137	157%
石川県	174	122%	福井県	160	133%
山梨県	111	123%	長野県	552	114%
岐阜県	353	124%	静岡県	576	119%
愛知県	1871	113%	三重県	345	126%
滋賀県	220	119%	京都府	346	118%
大阪府	2,046	112%	兵庫県	728	112%
奈良県	171	127%	和歌山県	105	121%
鳥取県	101	117%	島根県	176	124%
岡山県	518	111%	広島県	480	120%
山口県	162	115%	徳島県	126	107%
香川県	167	107%	愛媛県	159	107%
高知県	123	116%	福岡県	420	121%
佐賀県	98	131%	長崎県	119	112%
熊本県	262	121%	大分県	103	116%
宮崎県	99	118%	鹿児島県	281	141%
沖縄県	109	145%			

（出所）経済産業省「第11回 健康投資ワーキンググループ[2)]」より一部改変

国津々浦々の中小企業にまで浸透させる必要があります。

そこで経済産業省は、2022年度から全国規模で地方自治体と組んで健康経営のセミナーを開催し地方での普及に努め始めています。2022年度は「健康経営®の入門編！ACTION！セミナー」と題し、札幌、長崎、岐阜で、2023年度も仙台、福岡、金沢、広島、沖縄等の地方で地方自治体や協会けんぽの各支部と共催されており、徐々に地方自治体等を通し、健康経営の普及が行われています。特徴としては、一般的に経済産業省には地方局（北海道・東北・関東・中部・近畿・中国・四国・九州）がある中で、霞が関の本省から直接出向き、縦割り行政を排し域内の健康に貢献するという目的のもと、地方自治体と直接組んで開催していることになります。また筆者も2023年9月以降に茨城県、岐阜県（3回）、2024年の年明けには沖縄県、山口県、東京都労働局等の地方自治体から、域内の企業向けに健康経営の普及講演の依頼を頂戴しています。これらは過去に例がなく、従来の中央省庁である経済産業省の発信から、徐々に地方自治体が主体となり本腰を入れ域内向けに普及に努めているように感じています。

もう一つがTVや新聞等のメディア活用となります。従来の東京（経済産業省）からの発信だけではなく、地方自治体からの発信や地元新聞、地方TV等のメディアからの発信が重要になってきます。すでにメディアとして健康経営優良法人認定事務局として日本経済新聞社の参加により、新聞本誌に毎年健康経営優良法人企業の名前が掲載される等の取り組みが紹介されています。他に、多くのメディアが関与しており、例えば地方TVとして2023年に、テレビ北海道「鈴井貴之の教えて！健康経営」全5回放送[3)]、テレビ愛知「GO！健康経営」全4回放送[4)]、TVQ九州放送「知っとる？健康経営」全4回放送[5)]と放送時間は短いながら健康経営の特番が放送されました。これらも地方局ならではの司会者とゲストで大変面白い取り組みになっています。また筆者も2023年には沖縄テレビ等にて有識者として健康経営の取り組みについてコメントしています。このように、日本全国の隅々まで地方自治体や地方メディアを活用し健康経営の情報が届けられるように工夫している様子が伺えます。これらによって、今後さらに全国の中小企業まで健康経営等の情報が届くことが大いに期待できます。

そのような背景の中で健康経営企業を増やそうと取り組み、支援している地方自治体では、どのような課題があり、それを解消するため管轄する地域の健康経営企業を増やす施策としてどのような考えをもっているのか、主に次の2点があげられます。

1点目として医療費の削減を目標とし、その手法として義務化されている健康診断の受診率向上に取り組んでいることがあげられます。ある調査によると2021年度の健康診断の受診率は61.2%[6)]となっており、政府の「未来投資戦略」の健康診断の受診率80％目標（特定健康診断の対象40歳から74歳）と比べても低い結果となっています。課題解消のため地方自治体では、従来から保健所等を通して働き世代への介入も試みていますが、なかなかリーチできておらず健診受診率は伸び悩んでいるのが現状です。健康経営では、定期健康診断受診率が100％（必須項目）であるため、健康経営企業を管轄内に増やすことにより、健康診断受診率の向上や、期待される効果の一つのヘルスリテラシーの向上による医療費の削減を期待して取り組み支援を始めているのです。

2点目として地域活性化や過疎化を防ぐため人口流出を抑えること、また人口増加を目標とし、地方創生（東京一極集中を是正し、地方の人口減少に歯止めをかけ、日本全体の活力を上げることを目的とした一連の政策）等で魅力ある地域作りやブランド化等に取り組んでいることがあげられます。しかし、人口でみると東京はバブル崩壊後の1997年に転入超過（転入数が転出数を上回る状態）となって以降、コロナ禍により一時的に収まったように見えましたが、2022年の調査では再び首位に返り咲いており、東京一極集中の傾向はコロナ禍を経ても続いています[7)]。従来、地方自治体では、健康で長く住みやすい街等を標榜する健康都市宣言等に取り組んできていますが、傾向を反転するまでの効果をあげられているとはいえません。そこで地方自治体では、外国人観光客だけでなく、健康経営をきっかけやフックに関係人口（移住した定住人口でも観光に来た交流人口でもない地域や地域の人々と多様に関わる人々のこと）を増加させようとする地方創生を行い始めているのです[8)]。

そこで地方自治体が、健康寿命の延伸や医療費の削減、地方創生を目指す具体的な取り組みとして、どのように健康経営を活用し普及を推進しているか、また共通点はあるか等を沖縄県と静岡県浜松市の事例から分析します。

2 沖縄県の取り組み

1つ目の事例として都道府県レベルの取り組みで、表1において昨年対比145％の増加率となった沖縄県を取材しました。沖縄県は、1985年までは男女ともに平均寿命が全国一位でしたが、2000年以降順位が下がり、2020年には女性16位、男性43位（ワースト5位）となっています。そこで県では、健康寿命も含め平均寿命の延伸に向けた対策の一つに健康経営が位置づけられ取り組まれています[9)]。

沖縄県での健康経営の取り組みの歴史は、2014年度に沖縄労働局が主催した「ひやみかち健康経営宣言」から始まっています。また同時期に協会けんぽ沖縄支部主催の「福寿うちな〜健康宣言」が存在していました。注視すべきは、2014年度から「健康経営宣言」が始まっている点で、これは経済産業省が初めての顕彰制度である健康経営銘柄の開始と同時期となります。つまりまだ「健康経営」というワードが世に出たばかりであり現在のような普及は予見されていない中では、思い切った制度設計であり、先見の明があったことが伺えます。しかし、普及支援策等がなく、また社会的にも認知されておらず、想定より企業数は増えなかったようです。その後、県内に二つの制度があることは、企業や事業所にとって混乱を招くと考えられ、沖縄医師会、そして沖縄県も参加する新しい健康経営の制度として、2021年3月に5つの関係機関が働き盛り世代のさらなる健康増進を目的に「うちなー健康経営宣言」を制定し、集約されることになります[10)]。5者とは、沖縄県、沖縄労働局、沖縄県医師会、協会けんぽ（沖縄支部）、沖縄産業保健総合支援センターとなり、県が主催する健康経営フォーラム[11)]では、後述する内閣府沖縄総合事務局も参加し、6者で普及を進めているのが特徴となります。都道府県の地域産業保健総合支援センター（さんぽセンター）[12)]は、中小企業のストレスチェック制度の支援やメンタル対策として助成金や医師の派遣等を行っていますが、多くの都道府県の健康経営の取り組み支援団体や座組には入っていないので大変素晴らしいことであり、さらに沖縄の自衛隊駐屯所である陸上自衛隊第15旅団が日本で初めて宣言[13)]しており、2024年4月末では1,720事業所が宣言しています。これらの連携は大変特異なことであり、県下における多くの事業所の宣言につながっていると推察されます。さらに次の2点において素晴らしい制度になっています。

①国や県、保険者等レイヤーが違う参加者がいる点。さらに厚生労働省や経済産業省等管轄が違う点です。通常であれば利害関係により縦割り（行政）になりがちですが、沖縄県が主になることにより、県民の健康に寄与するという目的のもと、一つにまとまっていることです。これは、沖縄県が島であり各レイヤーの距離感が近い等もありますが、すべての都道府県で実施されるべきモデルケースにもなります。

②「うちなー健康経営宣言」の主体が県であり、県内の健康経営宣言をしている事業所を集約し、把握できていることです。都道府県によっては、健康経営表彰制度を独自に設定したり、県下の健康経営宣言を把握したりする仕組みをもっていないケースもありますが、そうなると県の顕彰制度を飛ばし、国の健康経営優良法人のみを目指す企業も現れ、県の制度が形骸化することに悩むケースが多いようです。そのようなことがなく、かつ「うちなー健康経営宣言」をした組織に対する取り組み支援を5者で役割分担して行うことも可能になりますので、宣言をしたまま放置にならず、優れた座組となっています。イメージは、県「うちなー健康経営宣言」を行った企業が、次のステップとして経済産業省「健康経営優良法人」を目指すという流れになっています。

【取材先】

① 2023年3月/全国健康保険協会沖縄支部企画総務部アドバイザー玉城雅人氏

玉城氏からは、「協会けんぽとして労働局や医師会、沖縄県からの協力を取り付け一つにまとまり、県知事から宣言書を渡す仕組みにする調整の困難さ」を伺いました。これらは玉城氏の強い思いが根底にあるように推察され、また健康経営宣言だけでなく、取り組みの進捗を確認できる新しい制度も作ろうとされており、アイデアマンであることも伺えます。さらに協会けんぽのデータによると、一般事業所→「うちなー健康経営宣言」企業(県)→健康経営優良法人(国)と、3段階に分かれていますが、データとしてみると「うちなー健康経営宣言」企業の健診結果の数値が悪いことがわかりました。これは私たちの前研究[14)]でも、健康経営宣言をして取り組み始めた企業は、健康診断受診率100%のため、有病がみつかり医療費が膨らむ&治療のため休業率が増加するとのデータがあり、同様の結果となりました。また、琉球新報とも強い関係を有し、年2回健康経営に関する共催セミナー等を実施して、5者連合の主体の一つとなって積極的に普及活動&支援を行っていることがわかりました。

② 2023年3月/沖縄県保健医療部健康長寿課健康推進班班長新里恵美氏(現在は異動)

新里氏には、県の健康経営の推進統括の立場から取り組みの概要を伺いました。沖縄県として2022年8月26日に玉城デニー知事が健康経営宣言を行い、県職員の健康経営に取り組み始めました。そして県職員の健康は別部署の総務部が担当部署のため連携して進めていると伺いました。また県内の取り組み企業を増やすため、従来から健康づくりを積極的に行っている事業所や団体の優良な取り組みを知事表彰する「がんじゅう（頑丈）さびら（〜します）表彰）」[15]の応募条件に、「うちなー健康経営宣言」を設定するだけでなく、県のさまざまな部署に「うちなー健康経営宣言」を紹介し、条件等に取り入れてもらっています。

成果として、県の公共事業に入札参加資格審査で加点対象とする「令和5・6年度建設工事入札参加資格審査及び等級格付け基準」や「沖縄県ワーク・ライフ・バランス企業認定制度」の認証基準となっており、急速に参加企業が増えていいます。さらに2022年6月には、県下の商工会議所や経済団体が主となる「うちなー健康経営推進団体宣言」[16]が制定され、2023年末までには、読谷村商工会、北那覇法人会、那覇商工会議所等の17の団体が参加し、会のメンバーへの普及に努めています。

③ 2023年3月／内閣府総合事務局経済産業部企画振興課課長補佐鶴見有衣氏、企画係與古田沙樹氏（現在は異動）

鶴見氏と與古田氏には、「おきなわ健康経営宣言プラス1プロジェクト」[17]の制度について伺いました。大企業を中心に14社が参加されており、「うちなー健康経営宣言」

または日本健康会議主催の「健康経営優良法人認定」が条件となっています。特徴は、自社の健康経営に取り組むだけでなく、県内での健康や健康経営の支援等を行う（プラス 1）ことも条件となっていることです。この支援の座組はコミュニティ＆共有できる場となっており、参加企業は地域に CSR 活動等で還元する仕組みが出来ています。すでに沖縄銀行では、健康応援 BANK と名乗り、銀行利用者向けにフロアーの一部に健康意識を高めるロビー展[18]を開催しています。また沖縄のビールメーカーであるオリオンビールはストロング系（アルコール度数 9%）のチューハイ商品を 2019 年末には廃し、健康志向の商品を作ること（2021 年発売の 2% 低アルコール商品）等によって県民の健康に貢献しています[19]。

3 静岡県浜松市の取り組み

2 つ目は、政令指定都市の静岡県浜松市を取材しました。浜松市は、大都市別の健康寿命[20]では、女性で 4 期連続 1 位（2010 年、2013 年、2016 年、2019 年）、男性で 3 期連続 1 位（2010 年、2013 年、2016 年）であり、また 2022 年度版政令指定都市幸福度ランキング 27）で 1 位でもあります[21]。

浜松市では、健康福祉部健康増進課のウエルネス推進グループが、「予防・健幸都市」の達成のために、浜松ウエ

図１　浜松ウエルネスプロジェクトの全体図

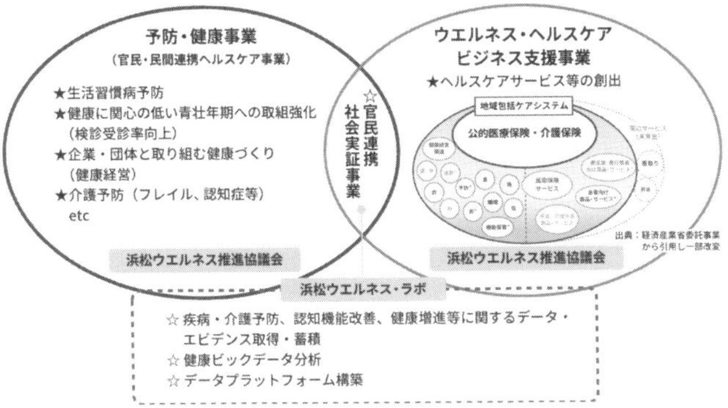

（出所）浜松ウエルネスプロジェクトホームページより

ルネス推進協議会[22]の事務局を運営しています。浜松ウエルネス推進協議会とは、地元企業が参加する官民連携プラットフォームであり、経済産業省のヘルスケア産業創出支援の地域版ヘルスケア産業協議会の一つにも認定されています。さらに民間事業者が運営する浜松ウエルネス・ラボ（民間事業者の実証実験等）を含め、浜松ウエルネスプロジェクト[23]となっています。概要は**図１**となります。

特徴としては多岐にわたる事業運営を一課の担当課長含む４人で運営している点です、また次の２点において素晴らしい制度です。

①健康経営の支援として、まず健康経営塾をワークショップ形式で計４回開催し、申請書の書き方まで支援している点です。これは多くの民間事業者が行っているサービスであり、市が企画して企業に協力（官民連携の一つ）

してもらい無料で運営しています。次に「はままつ健幸クラブ(浜松市公式ヘルスケアアプリ)[24]」があります。従来県がウォーキングアプリを県民向けに展開している例はありますが、健康経営向けでは、企業毎に参加者をまとめることができずランキングや競争はできないケースが多かったです。しかし、委託先事業者の株式会社近畿日本ツーリストにより、個人のランキングだけでなく、特定のグループや、会社毎でも参加できるようになっており、健康経営向けに改良されている点、また市内の企業であれば無料で使える点も特徴としてあげられます。

②活動報告が本でまとめられています。浜松ウエルネスプロジェクトの顧問でありスタンフォード大学主任研究員池野文昭氏の監修で、『ヘルスケア・イノベーション』(2020年)、『ヘルスケア・イノベーション2』(2021年)、『ヘルスケア・イノベーション3』(2023年)として本も出版されており、広く日本全国に取り組みを紹介しています。地方自治体の活動報告の多くは、取り組み成果や結果を、冊子等で管轄内に配布、または販売に留まっているケースが多いですが、このように社会に広く届く仕組みは、他の地方自治体でも参照でき、良い事例の共有にもなるので、社会的にも価値が高いと考えられます。ちなみに私の共著書である『ヘルスケア・イノベーション』(2020年)と同じ書名であり、内容は違いますがご縁を感じています。

【取材先】

● 2023年3月／松市健康福祉部健康増進課参事兼ウエルネス推進担当課長原川知己氏、ウエルネス推進グループ保健師片桐佑香氏（現在は産休中）

健康増進課兼ウエルネス推進課は、主に①ヘルスケアサービス等の創出の支援と地域住民の健康増進（保健所政令市）、②地域の企業の健康経営の推進（働き世代の健康増進）、③地域の官民連携体制の強化として6個のテーマ別部会（予防、食、運動、健康経営、知、測）の運営、④事業報告・活動報告として表彰制度である浜松ウエルネスアワード[25)]の開催等があります。健康経営の施策として「はままつ健幸クラブ（浜松市公式ヘルスケアアプリ）」があります。

具体的には、健康経営の普及セミナーや協会けんぽ静岡支部と連携した健康経営支援、また市独自の健康経営講座、さらに優遇措置として建設工事や物品購入、業務委託指定管理者の選定に評価加点や優先調達が行われています。

4 まとめ

2つの自治体に共通する取り組みとして、次の3点があげられ期待できます。

1点目として、地域内の健康経営企業を増やすことに高い価値を感じている点です。流行っているからや隣の地方自治体が取り組んでいるから等の後ろ向きの動機からではなく、積極的に管轄内に介入するためのモチベーションが高いことです。モチベーションが高いが故に、先行事例が無いので当然失敗もあると推察される中、さまざまな施策が実施されています。医療費の削減等の解決ツールとして健康経営を積極的に活用していることが伺え、沖縄県は平均寿命の最長県から脱落し、近年では労働世代(30〜50代)の肥満対策が課題となっていましたが、この制度の運用がうまくいけば、再度健康最長寿県の名誉も受けられることが期待されています。

2点目として、多くの関係者を巻き込んでいる点です。健康経営と言うと「企業の取り組みでしょ、私たちは関係ないわ」という会話を過去に聞きました。そうではなく、健康経営を推進すると、企業だけでなく、地方自治体にも効果があり、その先には管轄内の住民にも多くの効果を与える可能性があり。これらは都道府県や市区町村レベルで完結できるものではなく、国の経済産業省や厚生労働省はじめ、各支部の協会けんぽ、地域の医師会、都道府県の労働局、さらには地元企業や病院等、健康に関わる多くの関係者がおり、これらを巻き込む数が多いほど、多くの成果が得られるように見受けられました。

どこの地方自治体でも予算に限りがある中で、浜松市では静岡県で最大規模の地域中核病院と社会福祉法人聖隷福祉事業団[26] や企業等のメンバーを巻き込み＆連携し知恵を出し合い進めています。これらの官民連携がさら進むと、企業や病院等が保有している経営資源(主に健康経営資源)をCSR活動の一環として提供いただければ、コラボレーションの発生、その先のイノベーション、さらに他地域への横展開も期待され、大いなる可能性を秘めています。

3点目として、健康経営を推進することでヘルスケアビジネスの創出も目指している点です。これは、経済産業省ヘルスケア産業課の目標の「ヘルスケアビジネスの創出」と「健康経営の普及」と奇しくも合致しています。健康経営を推進するとさまざまなサービスや商品が必要になり、推進に付随するモノやサービスが創出されるとの認識となります。沖縄県では既に健康経営ツーリズム等が発案されており、今後さらに健康経営が普及すると、それに呼応するヘルスケアビジネスの創出が期待され、それらは地方創生にもつながっていくことになるでしょう。

まとめに、前述の通り全国の地方自治体は管内の健康経営に取り組む企業を増やす・普及を行っています。一方、地方自治体が自ら自治体職員向けに健康経営に取り組んでいる例は少ないようです。例えば、都道府県で自ら行っている地方自治体で宮崎県があります。2021、2022に健康経営優良法人の認定を受けており、2022年11月に取材した際、県下の企業に健康経営を推進してもらうために、まずは自分達（宮崎県庁）自身から健康経営の取り組みを始めたと伺いました。市区町村であれば、2022、2023に健康経営優良法人の認定を受け、全国の自治体で初めてホワイト500に選定された北海道の苫小牧市[27]や2022、2023に健康経営優良法人を東北としては初認定された山形県上山市[28]があります。2024年では、12自治体が認定されています。

上述のような少数の例があるとはいえ、なぜ自治体は職員向けに健康経営を行わないかと推察すると、国家公務員と地方公務員は特殊で、一部を除き原則として労働基準法の適用外となっているからです。健康経営の対象は、企業と医療機関等になっており、自治体職員を想定していません。よって健康経営度調査[29]の項目にある一般企業では法律上順守しなければいけない内容も求められていないため達成できません。また自治体内において、健康経営を普及させる課（商工課等）と職員向けの健康管理等を行う課（福利厚生課等）も違うため連携等が困難なケースも想定されます。しかし管内の企業に健康経営の取り組みを求めたり、支援・普及したりしているので、自分たちが取り組むのも「隗より始めよ」のことわざの通り、今後求められてくることでしょう。

実際、健康経営の普及を促進している経済産業省も取り組み始めていますし、本年度から国家公務員の人事管理等を行っている人事院から「国家公務員の健康管理検討にあたっての民間実態調査」への有識者として依頼があり著者も参加しています。そこでは労働基準法の一部適用外である国家公務員の健康経営の可能性が探られています。取り組む動機は、企業と同様で、若年層のメンタルヘルスや離職率対策、また他ブラック職場としてのイメージ定着による企業との競争に負ける「若者の官僚離れ」[30] 等ありますが、これらは今後地方公務員へ、さらに警察や消防、また度々NEWS[31] にもなるブラック職場の一つであろう教員等まで広がっていくことでしょう。経済産業省も2023年末に2014年の制度開始から初めて自治体向けに【自治体カンファレンス】[32] を開催し、管内向けと自治体職員向けで事例を紹介しています。

このように、健康経営は従来企業または医療機関等が対象でしたが、前述の通り自衛隊も取り組むなど、今後はさらに日本におけるすべての組織や団体において適用できるものとし、概念が拡張され、取り組む組織や団体も広がっていくことでしょう。つまり営利非営利を問わず、さまざまな形態の法人等組織でもできる（経営）戦略として、健康経営が認知されていくことでしょう。今後の健康経営の進展が大いに期待されることにもなりますし。今後も健康経営に取り組んでいく企業また組織は増え続けることが予想されています。まだ取り組んでいない企業は遅いということはありません、ぜひすぐに始めて健康経営の効果を実感していきましょう！

参考文献

1）健康経営優良法人認定事務局「ACTION 健康経営，地域の取り組み」，https://kenko-keiei.jp/chiiki/https://www.green.or.jp/（2023 年 4 月 14 日参照）

2）経済産業省「第 11 回健康投資ワーキンググループ」，https://www.meti.go.jp/shingikai/mono_info_service/kenko_iryo/kenko_toshi/pdf/011_02_00.pdf

3）TVh テレビ北海道 TV HOKKAIDO「鈴井貴之の教えて！健康経営」，https://youtu.be/vpu17KDho7s（2023 年 4 月 17 日）

4）【公式】テレビ愛知 TV Aichi「GO ！健康経営，https://youtu.be/QOQusNqFWH0（2023 年 4 月 17 日参照）

5）テレ Q7ch「知っとる？健康経営」，https://youtu.be/tHLqnJGESzc（2023 年 4 月 17 日参照）

6）ジョンソン・エンド・ジョンソン「2021 年 みんなの健診＆検診意識調査」，https://www.jnj.co.jp/jjmkk/healthcare-of-new-normal/health-care-information/research/life-2（2023 年 4 月 14 日参照）

7）総務省「住民基本台帳人口移動報告 2022 年（令和 4 年）結果」，https://www.soumu.go.jp/menu_news/s-news/01toukei03_01000110.html（2023 年 4 月 15 日）

8）新井卓二（2022）「健康経営と地方創生－山形県上山市と宮崎県日向市からの一考察－」，『山野研究紀要』第 29・30 号

9）沖縄県「保健医療部　健康長寿課」，https://www.pref.okinawa.jp/site/hoken/kenkotyoju/documents/messsage.pdf（2023 年 4 月 15 日参照）

10）沖縄労働局「うちなー健康経営宣言」，https://jsite.mhlw.go.jp/okinawa-roudoukyoku/hourei_seido_tetsuzuki/anzen_eisei/eiseikankei/_120160_00430.html（2023 年 4 月 15 日参照）

11）沖縄県「健康経営フォーラム・うちなー健康経営推進団体宣言証交付式」，https://www.pref.okinawa.jp/site/chiji/gallery/back/r0502/20230208_2.html（2023 年 4 月 15 日）

12）労働者健康安全機構「産業保健総合支援センター（さんぽセンター）」，https://www.hyugacity.jp/ https://www.johas.go.jp/shisetsu/tabid/578/default.aspx（2023 年 4 月 15 日）

13）うちなー健康経営宣言 事業所一覧（令和 6 年 4 月 30 日時点），https://www.kyoukaikenpo.or.jp/~/media/files/okinawa-281222kenkousengen/file/20230331sengenjigyousyo.pdf（2024 年 5 月 20 日参照）

14）Takuji Arai, Keisuke Uenishi,and Kiminori Gemba（2020）“Analysis of the Internal Effects of Health and Productivity Management in Japan”, *Forum Scientiae Oeconomia* 8（1）pp.17-28

15）沖縄県「沖縄県健康づくり表彰（がんじゅうさびら表彰）」，https://www.pref.okinawa.jp/site/hoken/kenkotyoju/kenko/hyousyouseido.html（2023 年 4 月 16 日参照）

16）全国健康保険協会沖縄支部「うちなー健康経営推進団体宣言」，https://www.kyoukaikenpo.or.jp/~/media/files/okinawa-281222kenkousengen/file/20231116suisindantai.pdf（2023 年 5 月 20 日参照）

17）内閣府沖縄総合事務局「健康経営が鍵～従業員プラス県民の健康を守る，企業の挑戦～：おきなわ健康経営プラス 1 プロジェクト取り組み事例集」，https://www.ogb.go.jp/-/media/Files/OGB/Keisan/move/healthcare/kenkoukeiei_r.pdf（2024 年 1 月 4 日参照）

18）沖縄銀行「健康応援 BANK」，https://www.okinawa-bank.co.jp/corporate/helthy_okigin/（2023 年 4 月 16 日参照）

19）オリオンビール「オリオンの CSR」，https://www.orionbeer.co.jp/story/amount-of-alcohol/（2024 年 1 月 4 日参照）

20）厚生労働省科学研究「健康寿命のページ」，http://www.town.shirahama.wakayama.jp/soshiki/somu/kikaku/gyomu/1577342565456.html（2023 年 3 月 29 日参照）

21）日本総合研究所「幸福度ランキング 2022 年版の ポイント紹介」，https://www.jri.or.jp/wp/wp-content/uploads/2022/10/9b9def7f9e89c6f12c1f647f01787f26.pdf（2023 年 3 月 29 日参照）

22）浜松ウエルネス推進協議会，https://www.city.hamamatsu.shizuoka.jp/wellnessproject/kyogikai/index.html（2023 年 3 月 29 日参照）

23）浜松ウエルネスプロジェクト，https://www.city.hamamatsu.shizuoka.jp/wellnessproject/（2023 年 4 月 16 日参照）

24）はままつ健幸クラブ，https://hamamatsu.karada.live/（2023 年 3 月 29 日参照）

25) 浜松ウエルネスアワード，https://www.city.hamamatsu.shizuoka.jp/wellnessproject/kyogikai/wellnessaward.html（2023 年 3 月 29 日参照）
26) 聖隷福祉事業団ホームページ，http://www.seirei.or.jp/hq/（2023 年 4 月 17 日参照参照）
27) 苫小牧市「健康経営に関すること」，https://www.city.tomakomai.hokkaido.jp/shisei/shisei/kenkou/2023.html（2024 年 1 月 5 日参照）
28) 上山市「健康経営優良法人 2023（大規模法人部門）に認定されました」，https://www.city.kaminoyama.yamagata.jp/soshiki/2/kenkoukigyousenngenn.html（2024 年 1 月 5 日参照）
29) 経済産業省「令和 3 年度健康経営度調査【サンプル】」，https://www.meti.go.jp/policy/mono_info_service/healthcare/downloadfiles/R3_kenkokeieidochosa_sample.pdf（2022 年 11 月 29 日参照）
30) 高知新聞「【国家公務員離れ】「ブラック職場」の改善を」，https://www.kochinews.co.jp/article/detail/674660（2024 年 1 月 5 日参照）
31) 東洋経済 ONLINE「人手不足のブラック職場「官僚と教師」の共通点「できないことはできない」と業務を手放すべき」，https://toyokeizai.net/articles/-/693570（2024 年 1 月 5 日参照）
32) 経済産業省「第 10 回健康投資ワーキンググループ」，https://www.meti.go.jp/shingikai/mono_info_service/kenko_iryo/kenko_toshi/pdf/010_s01_00.pdf（2024 年 1 月 5 日参照）

第6章

女性の髪の長さを決めるもの

石川 文子

06

1 時代の変化にみる女性の髪の長さ

現在、髪型や髪の長さはジェンダーや身分に囚われることなく、誰もが自由に選択しています。中でもここ 10 年〜15 年は特に、個性の尊重や髪に対する社会の意識の変化から、多様な長さや髪型が増えています。しかし、日本において、女性が髪の長さを批判なく自由に選択できるようになったのは、昭和に入ってからと考えられます。

まず、日本風文化である国風文化[1)]がはぐくまれたとされる平安時代には、「垂髪」といわれる後ろに長くまっすぐに垂らした髪型をしています。この時代は、源氏物語絵巻などの書物から見て取れるように貴族の文化が発展します。屋内で優雅に暮らしていた貴族階級女性の髪では「丈なす黒髪」と言われる「長い黒髪」を美女の条件とする日本独自の美意識が見られはじめます[2)]。

その後、鎌倉、室町、安土桃山時代と貴族文化から武家文化に変化していく中で、「長い黒髪」を尊ぶ美意識は変わらないまま、武家や一般の女性は活動的になり、平安時代よりも短めの垂髪や長い髪を一つに束ねて、動く際に邪魔にならないように変化していきました。この変化も一気に首筋が見えるほどの高い位置で束ねられたわけではありません。肩より下で束ねたところから時代の変化とともに、徐々に束ねる位置が上がっていき、安土桃山時代に「唐輪」

髷と言われる頭の高い位置で束ね、「髷」をつくった結髪へと変わっていきます[3)]。そして、江戸時代には300種類を超える日本髪が誕生したといわれています[2)]。約260年続いた江戸時代は封建社会で、男性も身分や階級の違いを髪型で表すことが要求されました。それに合わせて女性も身分や年齢、婚姻の有無などで髪型や髪飾りが異なっていました[4)]。しかし、日本髪を結い上げるには長さが必要なことから、「長い黒髪」を尊ぶ美意識は変わらないことが見て取れます。

その後の明治維新以降には、男性への断髪令とともに一部の女性で断髪する様子がみられましたが、強い非難を浴び、再び制限の多い日本髪が主流となりました。また、上流階級や知識層の女性、働く女性には束髪と言われる洋風の衛生的で便利な髪型も徐々に受け入れられた一方、既婚女性には日本髪を維持することも推奨されました。これには国家による女性頭髪への介入と、女性は日本の伝統を担う者として、男性から評価される美しい黒髪を保つことを求められたジェンダー規範が影響していたと考えられます[5)]。

この日本の伝統的な美意識が大きく変化するのは、第二次世界大戦以降です。昭和初期に西洋化とともに、「断髪（おかっぱ頭）」にする女性も見られましたが、戦時体制が強化されると髪型選択の自由は失われました。その後、終戦とともに抑圧されたおしゃれへの欲求が解放され、憧れの映画女優の髪型に影響を受け、短くカットされた髪にパーマをかけた「フェザーカール」の大流行[2)]や、極端に短い「セシールカット」から後頭部で束ねた毛束を垂らすポニーテール[6)]、カールした長い髪を緩やかになびかせる「バルドースタイル」など[2)]、さまざまな髪の長さを自由に選択できるようになり、日本の伝統的な「長い黒髪」を尊ぶ美意識に変化が起きていきます。そして時代に合わせた複数の長さや髪型に多様化していき、1970 年以降は髪型にこそ男女の流行はありますが、髪の長さは男女共にボーダーレス時代に入っていきました。1980 年代以降は男女だけでなく、人種や民族のボーダーレス化も進み、性差を感じさせない髪型とともに、従来の日本人らしさが崩壊し、新たに自分らしさを表す手段として髪の長さが関係していきました[2,6)]。若い女性には「聖子ちゃんカット」[注1]のセミロングやミディアムの「レイヤードヘア」やロングの「ワンレングスカット」、1990 年代には若い女性は「アムラー」[注2]の茶髪の「ストレートヘア」が流行し、中高年女性の間では「ショートボブ」や「ベリーショート」にする女性も目立ち始めました。そして 2000 年代以降は「ボブ」の流行なども経て[2)]、現在は、一人一人が自分に似合う髪

注1：1980 年にデビューした松田聖子がしていた髪型。ゆるいカールの前髪とサイドを外巻きにして、バック全体を内巻きにしたスタイル。当時のアイドルを始め、女子大生にも大人気となったスタイル。

注2：歌手　安室奈美恵をまねたファッションやヘアメイクをする人を指す。茶髪でシャギーの入ったストレートロングヘアの髪型。

型を選択するに至っています。このように髪の長さや髪型は時代の影響を受けやすく、社会性を持ち美意識にも関係しています[7)]。

2 毛髪の役割

書籍『最新の毛髪科学』の中では毛髪の機能として、次のように述べられています。

> 「毛髪は死んだ細胞の集まりである。にもかかわらず、体表からの熱が逃げるのを防ぎ、物理的化学的刺激や太陽の紫外線・輻射熱から体を守り、様々な色や模様を生みだし、時にはフェロモンや匂い物質の拡散に関わりコミュニケーションの一助となる」[8)]

確かに、頭皮から生えた毛髪はハサミ等で切っても痛みを感じず、傷んでも自己修復はしないため、死んだ細胞であることがわかります。そして毛髪の構造上、暑さや寒さから身を守ることや物理的な衝撃から頭部を守ること、直射日光や紫外線から頭部を守ることが保護作用としてあります。また、体内の老廃物や有害物質を毛髪に取り込み、体外に排出する働きもあり[9)]、排泄器官としての役割も合わせ持っていることがわかります[10)]。この働きを活用した毛髪ミネラル検査や毛髪有害金属検査が、杏林予防医学研究所、ら・べるびぃ予防医学研究所、株式会社ノビアス（大阪市立大学インキュベータ）[11〜13] などで行われています。

3 髪の長さに関係する先行研究

毛髪は顔の周りを覆っていることから、顔の印象や人の印象に関連して心理学の分野で大学生を対象にいくつか研究されています。例えば、髪色と長さが第一印象に及ぼす影響として他者に与える印象に違いがあることを明らかにした研究[14] であったり、ヘアスタイル選好とパーソナリティ特性の関連に関して検討し、前髪の有無、レイヤーの有無、髪の長短により、パーソナリティや価値観の一部に違いがあることを明らかにしている研究[15]、男性の髪の長短による印象の要因を抽出し、印象の相違があることを明らかにした研究[16] などです。これらは髪型を自由に選択していく時代に変化したことで、他者からの印象や自己を表す印象を選び取る一因に髪型が関連していることが推察されます。

一方で、アメリカの実験社会心理学の分野では、幅広い年代を対象として髪の長さと年齢の間には有意な相関関係があり、若い女性は年配の女性よりも髪が長い傾向があること、髪の質は女性の健康と相関関係があること、女性の毛髪が生殖能力示す可能性があることが示されています[17]。

その他に、髪の長さが関連したインターネット調査の結果や雑誌の特集では、ショートは年代が上がるにつれて多くなり、年代が下がるにつれて少なくなることが述べられたサイトが国内外で存在します[18〜22]。株式会社RAINBOW SHOWERの調査では、髪を短くしたきっかけとして「手入れが楽」「ヘアケアの問題」「イメージチェンジ」「長いと邪魔」などが挙げられています[23]。これは生活面での影響や他者からの印象を意識した理由となっています。

他にも、女性の年齢と関係した髪の情報を調べると、毛髪の変化や悩みに関しての情報が多く確認できます。なかでも複数のアンケートで確認できる悩みは「くせ毛」「パサつき」「薄毛」「ボリューム」などが多く挙がっています[24〜29]。このような悩みを解消するために髪の長さを決めることも考えられます。

4 なぜ女性の年齢と髪の長さの関連性の調査を実施したのか

これまでに1節「時代の変化にみる女性の髪の長さ」からは、髪の長さや髪型は時代の影響を受けやすく、社会性を持ち美意識にも関係するということ、2節「毛髪の役割」からは保護作用や排出機能があること、3節「髪の長さに関係する先行研究」では、生活環境などの物理的な面や印象や悩みなどの心理的な面が髪の長さに影響する可能性について述べました。これらのことから、髪はおしゃれのためだけにあるものではないことがお分かりいただけるかと思います。

髪の長さをカットすることにより外見を変化させる美容室。しかし、美容室に求めるものは髪の長さを変えることだけではない人もいます。非日常の空間でリラックスしたい、美容師とコミュニケーションを取り共感を得たり、気分を変えたいなど心理面のサービスを望むことも多々あることは筆者が美容師をしていた頃に感じていました。また、髪に触れるということは自分を理解してくれる人にのみ許せる行為ではないかとも考えます。

髪の長さや髪型がジェンダーレス、ボーダーレスになってきた現在、女性の年齢と髪の長さの関連性を調査することは、男性美容師や若い女性美容師が美容室において圧倒的に多い女性のお客様の年代別の変化を知り、お客様が何を求めているか、技術面だけでなく心理面からも性差や年齢を超えてサポートするために役立つと考えました。性別や年代の違う人への理解が進むことで技術面と心理面双方のサービス教育にもつながり、より高いお客様の満足に繋がるのではないかと期待できるからです。こうしたことから、今回、ケンジグループ社長西山和平氏との共同研究で「女性の年齢と髪の長さに関連性」について調査をしました。次の節ではその調査研究について紹介します。

5 調査対象・調査方法・調査結果

神奈川県内を中心に東京、福岡を合わせて133店舗（2022年12月現在）を展開しているケンジグループの美容室にご来店いただいた女性のお客様の中で、アンケート回答にご賛同いただける全年代の方を対象としました。調査期間を2023年1月26日から3月20日の約2か月間としてGoogleFormsによるアンケート調査を行いました。

表1は「現在の髪の長さ」を年齢別に表したものです。表中ではベリーショート（耳の出る長さ）はVS、ショート（耳が隠れる長さ）はS、ミディアム（肩につく長さ）はM、ロング（肩下の長さ）はL、スーパーロング（胸下の長さ）と表記しています。

5歳毎の年齢に分けて調査した結果、14歳以下と70歳以上は回答人数が0でした。一番多い分布は「50歳～54歳」の7名で、一番少ない分布は「15歳～19歳」と「65歳～69歳」の各1名となり、年代の平均は40.09歳でした。「現在の髪の長さ」はショート（S）が一番多く21名（44.7%）、スーパーロング（SL）が一番少なく3名（6.4%）となっており、ショートの割合はインターワイヤード株式会社（2009）が行ったヘアスタリングに関するアンケートの中の40代女性のショートヘアの割合と同程度のため、全国的な分布に近いと考えられます。

表1　現在の髪の長さ

全体	VS	S	M	L	SL	計
15歳～19歳	0	0	0	1	0	1
20歳～24歳	1	3	1	1	0	6
25歳～29歳	3	1	0	3	0	7
30歳～34歳	1	2	0	0	0	3
35歳～39歳	0	4	1	1	1	7
40歳～44歳	1	1	1	1	1	5
45歳～49歳	0	1	1	1	0	3
50歳～54歳	0	6	0	1	0	7
55歳～59歳	1	2	0	2	0	5
60歳～64歳	0	1	1	0	0	2
65歳～69歳	0	0	0	0	1	1
合計	7	21	5	11	3	47
比率	14.9	44.7	10.6	23.4	6.4	100.0

次に**表2**は「いつから現在の長さか」を髪の長さ別に表したものです。

こちらの結果は「20歳～24歳」10名と「35歳～39歳」11名の2つの年代で人数が多く、**表1**「現在の髪の長さ」での各年代の分布の偏差があまり見られなかった様子からは、少し変化がありました。変化のあった「20歳～24歳」と「35歳～39歳」の中で髪の長さ別で人数の多いショートの人数分布に注目してみると「20歳～24歳」の4名や、「35歳～39歳」の5名を中心として、今回の対象の平均年齢40.9歳より下の年代に15名と多く見られました。

表2　いつから現在の長さか

全体	VS	S	M	L	SL	計
14歳以下	0	1	0	0	1	2
15歳～19歳	3	1	0	1	0	5
20歳～24歳	1	4	2	2	1	10
25歳～29歳	1	2	0	2	0	5
30歳～34歳	0	2	0	1	1	4
35歳～39歳	2	5	2	2	0	11
40歳～44歳	0	2	1	1	0	4
45歳～49歳	0	3	0	1	0	4
50歳～54歳	0	0	0	0	0	0
55歳～59歳	0	0	0	1	0	1
60歳～64歳	0	1	0	0	0	1
65歳～69歳	0	0	0	0	0	0
合計	7	21	5	11	3	47

この人数の多い「20歳～24歳」で考えられることは、社会人になるという環境が変化する年代であることです。2019年度の女子の大学等進学率は58.6％で男子と同じ程度の進学率[30]であることから、専門学校や大学等を卒業して就職することで、学生時代の自由な髪型と社会人として求められる髪型に違いがあることが考えられます。また、もう一つの「35歳～39歳」では、新卒で就職し、社会人となった20代から、女性の平均勤続年数である正社員・正職員で10.2年、正社員・正職員以外の女性は8.1年[31]が過ぎた30代で転職による環境の変化や雇用の変化、退

職などの女性を取り巻く環境が大きく変わることに起因することが推察されます。また、女性の場合、出産は大きな変化です。厚生労働省の2021年度「出生に関する統計」の中で母の出生時平均年齢は30.7歳（第1子）から33.8歳（第3子）となっていることに加えて[32)]、国の子育て支援の1つである児童手当が中学卒業までであること[33)]や、一般の人が子育て期間の中で10歳くらいまでは親子が行動をともにする期間と捉えていること[34,35)]から、その後10年程度は、子育て中心の期間ということができ、変化のあった「35歳〜39歳」と、出産後の平均年齢の40.07歳は、子育て期間中と捉えられるため、この期間には髪型を変える要因があると考えられます。

表1と**表2**の結果の関係を**表3**に表しました。

「いつから現在の長さか」の「50歳〜54歳」以降の年代では、ショートは1名ですが、現在の年齢が「50歳〜54歳」以降にはショートが9名います。ロングも「50歳〜54歳」以降の年代は1名ですが、現在の年齢が「50歳〜54歳」以降には3名います。スーパーロングは髪の長さから10年以上同じ長さでいることが分かります。

表3の結果として、多くの女性は現在と同じ年代もしくは、10年前の年代の間で現在の長さを選択していることがうかがえます。現在「50歳〜54歳」の年代は「30歳〜34歳」と「35歳〜39歳」にも同程度分布がみられ、「55歳〜59歳」の年代も「35歳〜39歳」から「45歳〜49歳」に

表3　現在の年代と現在の髪の長さを始めた年代の関係

いつから現在の長さ ／ 現在の年代	14歳以下	15歳～19歳	20歳～24歳	25歳～29歳	30歳～34歳	35歳～39歳	40歳～44歳	45歳～49歳	50歳～54歳	55歳～59歳	60歳～64歳	計
15歳～19歳	0	1	—	—	—	—	—	—	—	—	—	1
20歳～24歳	0	1	5	—	—	—	—	—	—	—	—	6
25歳～29歳	0	2	3	2	—	—	—	—	—	—	—	7
30歳～34歳	0	0	0	2	1	—	—	—	—	—	—	3
35歳～39歳	1	0	0	1	1	4	—	—	—	—	—	7
40歳～44歳	0	0	1	0	0	4	0	—	—	—	—	5
45歳～49歳	0	0	0	0	0	0	3	0	—	—	—	3
50歳～54歳	0	0	0	0	2	2	0	3	0	—	—	7
55歳～59歳	0	1	0	0	0	1	1	1	0	1	—	5
60歳～64歳	0	0	1	0	0	0	0	0	0	0	1	2
65歳～69歳	1	0	0	0	0	0	0	0	0	0	0	1
合計	2	5	10	5	4	11	4	4	0	1	1	47

同程度の分布があるため、15～20年前から現在の長さを選択している場合があることがわかりました。

次に「現在の長さにした理由」を**表4**に示します。

5段階評価で、1とても当てはまる、2やや当てはまる、3どちらともいえない、4あまり当てはまらない、5全く当てはまらないとしてアンケートをとったため、数値が低いほど関連が深くなります。

結果は、「現在の長さにした理由」の1位は「好みの長さのため」となり、多くの人が自分の好みの長さであるこ

表4　現在の長さにした理由

A.好みの長さのため	1.72
G.ヘアケアが簡単なため	2.04
H.ヘアケアにとれる時間が少ないため	2.21
[B.イメージチェンジのため]	2.53
[J.毛量が多いため]	2.60
[F.心境の変化（気分転換）]	2.87
[N.髪の傷みが気になるため]	2.91
[K.くせ毛のため]	3.09
[L.ツヤがなくなったため]	3.26
[C.好きな人物を参考にしたため]	3.34
[D.ヘアアレンジが多くできるため]	3.36
[E.すすめられたため]	3.38
[M.ハリ・コシがなくなったため]	3.43
[I.毛量が減ったため]	3.70

とを重視しています。2位は「ヘアケアが簡単なため」、3位が「ヘアケアにとれる時間が少ないため」となり、ヘアケアの時間や簡単さも長さの選択で重視されていることがわかりました。反対に「ハリ・コシがなくなったため」や「毛量が減ったため」などの毛髪の悩みは直接関係しているとは考えられていませんでした。また、「好きな人物を参考にしたため」をそう思うと選んだ人も少ないことから、1節の時代変化で紹介したように、一人一人が自分に似合う髪型を選択する様子がうかがえます。

この**表4**の結果をもとに、探索的因子分析（最尤法、バリマックス法）を実施した結果、4因子が見つかりました（**表5**）。

第1因子は、「F. 心境の変化（気分転換）」「B. イメージチェンジのため」「C. 好きな人物を参考にしたため」の3つの因子が選ばれており、自分や他者への心理に関係することから、「心理」因子と命名しました。第2因子は「L. ツ

表5　探索的因子分析

回転後の因子行列[a]					
	因子負荷量				
調査項目	1	2	3	4	5
F. 心境の変化（気分転換）	0.928	-0.022	-0.102	-0.106	0.087
B. イメージチェンジのため	0.749	-0.047	0.012	-0.111	0.110
C. 好きな人物を参考にしたため	0.572	0.294	0.23	0.126	0.231
L. ツヤがなくなったため	0.096	0.974	0.112	0.170	0.011
M. ハリ・コシがなくなったため	-0.126	0.717	-0.146	-0.055	0.307
N. 髪の傷みが気になるため	0.097	0.490	0.086	0.371	-0.005
G. ヘアケアが簡単なため	0.019	-0.003	0.824	0.281	0.061
H. ヘアケアにとれる時間が少ないため	0.031	0.043	0.813	0.055	-0.098
J. 毛量が多いため	0.011	0.072	0.172	0.897	-0.400
K. くせ毛のため	-0.088	0.128	0.153	0.598	0.083
A. 好みの長さのため	-0.077	0.042	-0.007	0.39	0.228
I. 毛量が減ったため	0.226	0.41	0.121	0.121	0.589
D. ヘアアレンジが多くできるため	0.249	0.026	-0.276	0.021	0.492
E. すすめられたため	0.385	0.128	0.333	-0.073	0.438
因子抽出法：**最尤法**，回転法：Kaiserの正規化を伴う**バリマックス法**[a]					

ヤがなくなったため」「M. ハリ・コシがなくなったため」「N. 髪の傷みが気になるため」など、毛髪の悩みとして挙げられる項目から「毛髪変化」因子と命名しました。第3因子は、「G. ヘアケアが簡単なため」「H. ヘアケアにとれる時間が少ないため」の2つで、ヘアケアに関する項目であることから、「ヘアケア」因子と命名しました。第4因子は、「J. 毛量が多いため」「K. くせ毛のため」の元々の毛の状態による項目であることから、「素髪」因子と命名しました。

6 今回の調査から考えられる年齢と髪の長さの関係

今回の対象群では、現在の年代が50歳以降では15名で、いつから現在の髪型にしたかでは50歳以降が2名と少なくなっていることから、50歳以降の年代はあまり髪の長さを変化させることはなく、50歳以前に現在の長さを選択していた傾向がわかりました。なかでも50歳以降に新たにショートにしたのは1名ですが、現在の年齢が50歳以降の人のショートは9名いることから、50歳を超えて新たに髪を短くする人は少なく、それ以前にショートの長さに落ち着くことがうかがえます。ロングも50歳以降は1名であることから50歳を超えて新たにロングにする場合は少ないことがわかります。また、「現在の長さにした理由」（**表4**）の第1位が「好みの長さ」であることを考えると、49歳以前の年代では好みの長さは変化して行くと考えられ、**表3**の分布を合わせて考えると、現在の年齢の10年以内で髪型が変化していることが多くなります。そして50歳までには自分の好みの長さがおおよそ決まって、それ以降に変化は少ないことが推察されます。ただし、今回の第1位の「好みの長さ」は、抽象的な表現として捉えられ、ヘアケアや地毛の状態が関係して「好みの長さ」になっていることも考えられることは今後の検討が必要な点です。

それに比べて2位の「ヘアケアが簡単なため」と、3位の「ヘアケアにとれる時間が少ないため」は明確な理由です。今回の対象はベリーショートとショートを合わせて59.5%と半数以上が短い髪形でした。このことは、「現在の長さにした理由」の2位と3位になったことに関係し、ヘアケアの短さや簡単さも髪の長さを決める際には重要なことがうかがえます。毛髪が短いと洗髪の時間や髪を乾かす時間は短くなり、長い毛髪より外界にさらされている期間も短いため、長い毛髪よりヘアケアが容易であると考えることができます。

「現在の長さにした理由」の因子分析の結果は、アンケートの「現在の長さにした理由」の結果と異なっており、アンケートで理由の第1位である「好みの長さ」は抽出されませんでした。第1因子は第6位の「心境の変化（気分転換）」の負荷量が多く、次いで第4位の「イメージチェンジのため」、「好きな人物を参考にしたため」が3番目となり、自己の気持ちや他者からの印象の変化を期待していることから、髪の長さは心理面と関連があることがうかがえます。第2因子は第9位の「ツヤがなくなったため」の負荷量が多く、次いで第13位の「ハリ・コシがなくなったため」、3番目は第7位の「髪の傷みが気になる」であることから、加齢やホルモンバランス、環境変化などが髪質に影響を与え、髪質が変化することによる要因です。第3因子になって、第2位の「G. ヘアケアが簡単なため」と、第3位の「H. ヘアケアにとれる時間が少ないため」となり、「現在の長さにした理由」の上位のヘアケアが要因としてあらわれました。第4因子は第5位の「毛量が多いため」の負荷量が多く、次いで第8位の「くせ毛のため」となり、素の毛髪の状態も長さを決める要因としてあらわれました。

以上のことから、今回の調査対象となった女性は49歳以前の年代では好みの長さは変化していき、50歳以降に髪の長さに変化は少ないこと、髪の長さを決定する際は、毛髪の変化の悩みから決定するというよりは、他者からの印象変化や自己の心境の変化を期待して長さを決定するほうが影響が強いといえます。**表2**の結果でも触れたように、20代は社会人になる年代であり、他者からの印象変化や自己の心境の変化を期待して（心理要因 / 第1因子）髪の長さを選ぶことが示唆されます。そして平均勤続年数が過ぎる30代で転職による環境変化や出産による雇用の変化、退職などにより、時間の制約（ヘアケア要因 / 第3因子）やホルモンバランスの変化（毛髪変化要因 / 第2因子）が起こることで髪の長さが変わる傾向があることが考えられます。また、出産した女性の場合、前の項5. 調査結果で述べたように母の出生時平均年齢と、今回の平均年齢の40.07歳が子育て期間中であることを考えると、30代から40代にかけて働き方の変化や子育てによる生活変化が起こりやすい年代といえます。出産後から子育て中に時間に制約があることは筆者も実感していました（現在も実感中です）。出産・子育て中は出産前と同じような家でのヘアケアの時間は取れないことも多くあり、髪の長さは短くなり、同時に仕事面でも成長することで家庭とのバランスに時間の制約がつくこともあり、美容室に行く間隔が長くなる・美容室での滞在時間が短い施術で済ますなどの変化が起きています。今回のアンケートの「現在の長さにした理由」に自由記述欄を設けましたが、そこに「出産を機に自分のヘアケアをする時間が減ったため」との記載があったことからも、ヘアケアの短さや簡便さは、年代と髪の長さの関係において影響を及ぼすと示唆されます。

7 はじめて共同研究での調査を実施して

今回株式会社ケンジ代表取締役社長西山和平氏（当時）と共同研究を行う機会をいただきました。長年美容師としてお客様に携わってきた西山氏の考察は、大変貴重なものでした。**表4.**「現在の長さにした理由」で２位と３位にヘアケアに関する項目が入っていたことについて「年齢が上がってきて髪を短くする理由はお手入れが楽になるためとお客様を担当する中で実感している」とのコメントはアンケート結果を裏付けるものと言えます。ドライヤーで乾かす時間などの日常的なケアのほかに、ロングでは一束で結んだり、ストレートで下ろすなどの手間がかからないスタイリングでは、ヘアスタイルに動きが少ないと感じるが、ショートでは分け目を変えたり、耳にかけるなどの手間の少ないスタイリングで髪に大きく動きがでやすいことでもお手入れが楽に感じます。またショートの方が、美容師の技術によってお客様それぞれに合わせたカットとなりやすいことが特長となるため、お手入れが楽と感じます。

表6の因子分析の考察の中では、西山氏の経験上、カットをすることで他者からの印象が良くなったお客様は多く、特に50〜60代のお客様は自分に似合う髪型とともに、清潔感を求める傾向があるとのことです。この年代は、ヘアケアを怠ると生活に疲れているように見えやすくなります。また、若い頃である80年代に、人気アイドルやバブル期の世相の影響で、流行している髪型を皆で真似をすることが多かったため、年齢を重ねる中で、印象の変化を希望する際に友人や芸能人などの髪型を参考に短くすることはありつつも、現在は自分に似合う髪型を求められること

が多いということです。

ヘアスタイルの流行は常に変化し続けています。その中でも、髪の長さの年齢による変化の傾向や、女性が髪の長さを決めるときの理由を分析することは、年齢を重ねたときのヘアスタイルに対する理解に関係するといえるでしょう。長年美容師として活躍している西山氏も、人の印象に関係するヘアカラーについて、白髪を生かすことや黒髪は個性と捉えられること、ハイライトといわれるカラーリングなどの世間のイメージの変化やカラーリング技術の向上による多様なヘアカラーが多くなり、好きなヘアカラーを選ぶという意識の変化が広がっていることからも、社会の変化を感じているそうです。髪の長さや髪型に求める女性の価値観も変化があるかもしれません。現在の学生さんと接している中で価値観の多様化を感じることもしばしばあります。日本人はこうであると考えられていた頃の人々、徐々に個人が尊重される時代となった現代を過ごしてきた学生さんでは価値観は大きく違うでしょう。

一人一人が自分に似合う髪型を選択する現在、女性がいつでも美しく、その人らしくいるために、美容師がパートナーとして毛髪に関する知識を活かしていくことが重要と考えています。その知識の一つとして今回の研究が役立つことを期待しています。

参考文献

1) 旺文社(2001)『旺文社日本史事典三訂版』
2) 日本理容美容教育センター(2023)『文化論』静和堂
3) ポーラ文化研究所:もっと知りたい日本髪「003 結髪(けっぱつ)」, https://www.cosmetic-culture.po-holdings.co.jp/culture/nihongami/2.html(2024 年 2 月 19 日参照)
4) ポーラ文化研究所:もっと知りたい日本髪「010 髪型を見ればわかること」, https://www.cosmetic-culture.po-holdings.co.jp/culture/nihongami/10.html(2024 年 2 月 19 日参照)
5) 横山友子(2006)「女性の頭髪の清潔について:髪をめぐるジェンダー化された下位文化の形成とその身体化」大阪府立大学人間科学博士論文. 3.16.4-7
6) マサ大竹(2003)「ヘアスタイリングの過去・現在・未来」『日本化粧品技術者会誌 .37』. 1.3-9
7) 新井卓二・河﨑峰子(2023)『入門ビューティービジネス』同友館, . 1-2.19
8) 松崎貴著・毛髪科学技術者協会編集(2003)『最新の毛髪科学』フレグランスジャーナル社
9) 日本毛髪化学協会「毛髪の役割」,https://www.jhsa.jp/hair-skin-knowledge/hair-knowledge/hair-role/(2024 年 2 月 24 日参照)
10) 松田圭二・田村瑞穂(1986)「毛髪中に含まれる微量金属について」『日本環境衛生センター所報』12-13,101-110
11) 杏林予防医学研究所「毛髪ミネラル検査」, https://kyorin-yobou.net/hair_analysis//(2024 年 2 月 24 日参照)
12) らべるびぃ予防医学研究所:毛髪有害金属検査 https://www.lbv.jp/analysis/hairtoxic.html/(2024 年 2 月 24 日参照)
13) 株式会社ノビアス 大阪市立大学インキュベータ:MINE, https://nobiasjp.myshopify.com/(2024 年 2 月 24 日参照)
14) 森岡陽介(2015)「髪色と長さが第一印象に及ぼす影響」『日本心理学会大会発表論文集』
15) 九島紀子(2019)「女子大学生のヘアスタイル選好とパーソナリティの関連」『立正大学心理学研究年報』10 9-20
16) 金子智栄子・門脇幹雄(2001)「PA35 外見の印象:髪型が性格のイメージに及ぼす影響」『日本教育心理学会総会発表論文集』

43（0），35-

17）Verlin B.Hinsz., David C.Matz.and Rebecca A.Patience.（2001）“Does Women’s Hair Signal Reproductive Potential?”, Journal of Experimental Social Psychology, Volume 37, Issue 2, March 2001, pp.166-172

18）雑誌 TIME：Now You Know: How Did Long Hair Become a Thing for Women?, 2016.6, https://time.com/4348252/history-long-hair/（2023 年 9 月 6 日参照）

19）Alyson Walsh：Why do older women always have short hair?, 18 Feb 2015, https://www.theguardian.com/fashion/2015/feb/18/why-do-older-women-always-have-short-hair（2023 年 9 月 16 日参照）

20）リビング暮らし HOW 研究所「【女性】美容室についてのアンケート（2014 年 / 全国）」, https://www.kurashihow.co.jp/markets/7020/（2023 年 10 月 31 日参照）

21）インターワイヤード「『ヘアスタイリング』に関するアンケート」（2009）https://www.dims.ne.jp/timelyresearch/2009/091101/（2023 年 10 月 31 日参照）

22）Oggi.jp「髪を切る頻度は？ 髪の長さは？ 100 人の女性に髪を切るタイミングやきっかけを聞きました【1 回にかかる平均金額も】」https://oggi.jp/6831145（2023 年 10 月 31 日参照）

23）RAINBOW SHOWER「中高年女性の髪型事情」（2022），https://www.atpress.ne.jp/news/297142（2023 年 10 月 31 日参照）

24）elvin「大人の女性の髪の悩み」（2020.9），https://prtimes.jp/main/html/rd/p/000000001.000061102.html（2023 年 10 月 31 日参照）

25）髪コト編集部「女性も不安！ 20 代女性～60 代以上の年齢・年代別髪の毛に関する悩みの傾向と対策」https://www.mens-svenson.net/kamikoto/others/femalehairloss/2060woman-hair-problem/（2023 年 11 月 20 日参照）

26）アデランス「ヘアケアに関する意識調査」，https://www.aderans.co.jp/news/detail/170919_01.html（2023 年 11 月 20 日参照）

27）Kao ヘアケアサイト「加齢にともなう髪の変化と悩み」，https://

www.kao.com/jp/haircare/hair/4-1/（2023 年 11 月 20 日参照）
28）All About 編集部「髪のココがイヤ！女性の髪の悩みアンケート[女性の薄毛・抜け毛]」, https://allabout.co.jp/gm/gc/5493/2/（2023 年 11 月 20 日参照）
29）内閣府男女共同参画局「第 1 節　教育をめぐる状況」，https://www.gender.go.jp/about_danjo/whitepaper/r02/zentai/html/honpen/b1_s04_01.html，（2024 年 2 月 28 日参照）
30）厚生労働省「令和 3 年の働く女性の状況【修正】」，https://www.mhlw.go.jp/bunya/koyoukintou/josei-jitsujo/dl/21-01.pdf（2023 年 11 月 20 日参照）
31）日本産婦人科学会「更年期について」，https://www.jsog.or.jp/modules/diseases/index.php?content_id=14（2023 年 11 月 20 日参照）
32）厚生労働省「令和 3 年度「出生に関する統計」の概況」，https://www.mhlw.go.jp/toukei/saikin/hw/jinkou/tokusyu/syussyo07/dl/gaikyou.pdf（2023 年 11 月 20 日参照）
33）内閣府「児童手当制度のご案内 : 子ども・子育て本部」，https://www8.cao.go.jp/shoushi/jidouteate/annai.html（2023 年 11 月 20 日参照）
34）株式会社オールアバウト（All About,Inc.）「100 年生きたとしても子育ての期間はわずか 10 年ほど !? 」（2017），https://allabout.co.jp/gm/gc/471161/（2023 年 11 月 20 日参照）
35）神戸新聞 NEXT「「子育てがラクになった」のは子どもが何歳のころ？　10 歳ごろからママたちが感じ始めた「時間のゆとり」」,
https://www.kobe-np.co.jp/rentoku/omoshiro/202108/0014591986.shtml（2023 年 11 月 20 日参照）

終わりに

健康経営が普及した理由

いかがでしたでしょうか？健康経営は「序章」で紹介した通り普及し取り組んでいる企業は日本全国で、またあらゆる組織でも増え続けています。そして各章の通り研究も進み始めています。

そこで、健康経営の普及が促進されている理由を考えると、一つに日本的経営と健康経営の相性の良さ、つまり従来の日本的経営の延長にある健康経営が取り組みやすい戦略であるということがあげられます。日本的経営とは、1960年頃から様々なメディアで言われてきました。当時の日本的経営の、終身雇用、年功序列等のシステムの他に、社訓の唱和、朝礼、ラジオ体操等の慣行があり、日本的経営の特徴として関心を集め、「Japan as No.1」は世界的な有名な言葉になりました。

読者の中で、上記を見た瞬間「あっ！」と気づいた方がいたら、健康経営の運動の項目に、自社オリジナルの体操を企画または実施したことがある人でしょう。そうです！古くは安全衛生対策のため、多くの日本企業が、業務開始時の朝等にみんなで体操をしてきたのです。そして一番多く使われていたのが、国民運動のラジオ体操になります。最近では、ラジオ体操を健康経営の文脈で使おうと、丸の内ラジオ体操[1)]等が挙げられます。つまり従来のラジオ体操は、安全衛生の文脈でしたが、現在はPC等に向かい座りすぎからのメンタルや身体被害の予防と健康増進の文脈に変わりました。しかし取り組んでいる内容は体操ということで、ほとんど変わっていないのです。

このように従来の日本的経営と健康経営の推進は色があい相性がよい、というよりもそもそも日本的経営の従業員重視の姿勢が健康経営の要素を含んでいた、と考えることができるのです。日本では中小企業ほど、明文化されていないだけで仲間や健康を大切にしてきました。そうしないと企業が回らないという事情も含め、社員は大事に扱われ、時に家族のように扱われ、そのおかげで企業の永続性やサステナビリティが高まり、老舗企業が日本には多い一つの理由とも言われています[2)]。

2つ目の理由として、施策の中で反応が無いと往々にして取りやめてしまうケースがある中で、10年間しっかりと経済産業省が主導し取り組んできた点があげられます。また現在の経済産業省ご担当者が10年前の制度設計に携わり、再度ヘルスケア産業課に戻られ現在活躍されているのもよかったのではないでしょうか。

3つ目は、日本における健康経営の骨子&取り組み事例は、この調査票に統一されていると言っても過言ではありません。これは様々なサーベイや取り組みがある他のwell-being（経営）や人的資本経営等と違い、分かりやすくなっていることが日本における普及の一因になっているかと思います。

そして、現在健康経営は企業経営において土台となる戦略であると考えられます。それは前述の通り、中小企業含め回答数が増えているだけでなく上場企業の参加企業数が増えている、つまり株主からも否定されていない経営戦略となっているということです。また企業を根本から変える新しい経営戦略においても、元気でいきいきとした社員や活力ある組織はあった方が好ましく、また健康経営は他の経営戦略とは競合しない戦略となっています。つまり企業の土台となる戦略と考えられるのです。イメージは下図です。

図　企業の土台となる「健康経営」（著者作成）

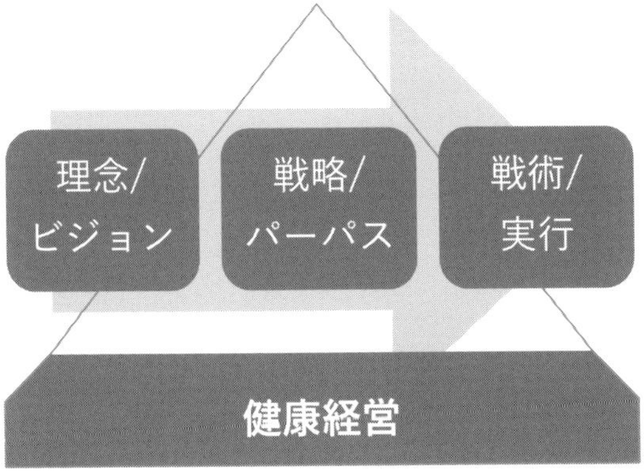

具体的には、理念／ビジョンを達成するための戦略やパーパスと具体井的な戦術／実行を行う上でも、健康経営を行っている組織は重要であると認識されることです。そしてこれが企業のサステナビリティ（持続可能性）へとつながっていきます。

そして健康経営は、持続可能な開発目標であるSDGs[3)]の「3 すべての人に健康と福祉を」、「4 質の高い教育をみんなに」「8 働きがいも経済成長も」と該当し、ESG投資（Environment：環境・Social：社会・Governance：ガバナンス／社会的責任投資)[4)] のSocialにも該当し、投資先に選ばれる環境にもなってきてきました。また上場企業は2023年4月以降から、有価証券報告書にサステナビリティの開示を求めることになりました 。具体的には、多くの企業が取り組んでいるSDGsの開示が主になりましたが、一部の企業では健康経営をサステナビリティの一つの戦略と捉え開示しています。今後も健康経営の取り組みが有価証券報告書等で開示され、株価に大きな影響を与えていくことを期待されています。

次に、人的資本経営と健康経営の関係は、どちらも管轄＆普及推進している経済産業省によると人的資本経営の土台に健康経営と位置付けています[5)]。またウェルビーイングと健康経営の関係については、（経営的）手法としても2種類あると考えられ、一つは幸福学や働きがいからのWell-Being、もう一つが健康経営からのWell-Beingとなります。どちらも、Well-Being状態への達成はできそうです。違いは、健康を幸福学や働きがいからの“結果”に置いているか、または健康を“手段&手法”としておいている点になります。つまりアプローチの方法が違うのです。私達は健康経営を実践することを主題としていますので、後段の健康経営を手法とし活用しウェルビーイングの達成を目指しています。

これらのように健康経営は、企業戦略や経営戦略だけでなく企業の土台となるサステナビリティ戦略としてSDGsやESG投資先、そして人的資本経営、ウェルビーイングまで該当します。さらに最新の調査票[6)]では、生産性の向上や組織の活性化、また働き方、女性の健康等のすべてに回答させていたますので、結果健康経営の取り組みは生産性向上や組織開発に該当し、働き方改革や女性活躍まで影響を与えているのです。つまり健康経営に取り組んでいればこれらすべて取り組んでいるといえるのです。まとめると健康経営は「最強戦略」として位置付けることもできるのです。ということで、これらの詳細は『改訂版最強戦略としての健康経営：競争優位とサステナビリティを生む人的資本のためのビジネスモデル』（同友館／1,870円）ご覧ください。

引き続き新井研究室では、【健康経営】他、広義の【ヘルスケア】や【ビューティ】について、協同で研究する企業や団体、また研究者や有識者等を募っています。少しでも興味があればinfo@arailabo.comまでご連絡ください。皆さまと一緒に研究出来ること楽しみにしています。

新井研究室　主宰　新井卓二

1）街の情報サイト　Marunouchi.com https://www.marunouchi.com/event/detail/29447/
2）大友 純・河内 俊樹（2020）『ビジネスのためのマーケティング戦略論 企業の永続化を目指す実践的考え方』同文舘出版
3）外務省ホームページ，SDGsとは？ JAPAN SDGs Action Platform https://www.mofa.go.jp/mofaj/gaiko/oda/sdgs/about/index.html
4）経済産業省ホームページ，ESG投資　https://www.meti.go.jp/policy/energy_environment/global_warming/esg_investment.html
5）ACTION！健康経営，掲載情報，「健康経営」は人的資本経営の土台　https://kenko-keiei.jp/237/
6）経済産業省ホームページ，令和5年度 健康経営度調査，https://www.meti.go.jp/shingikai/mono_info_service/kenko_iryo/kenko_toshi/pdf/009_s02_00.pdf

【著者紹介】

新井卓二（あらい　たくじ）‥はじめに、序章、第 5 章、終わりに 執筆
Ph.D.、MBA。ビューティ＆ウエルネス専門職大学・専任教授、山野美容芸術短期大学・特任教授。明治大学・講師（非常勤）。新井研究室主宰、日本ヘルスケア協会健康経営推進部会 副部会長、社会的健康戦略研究所 運営委員 特別研究員。経済産業省の委員、人事院の有識者等歴任。
証券会社勤務を経て、ヘルスケアの株式会社を起業し売却。その間、明治大学ビジネススクール TA、昭和女子大学研究員、山野美容芸術短期大学を経て現職。『経営戦略としての「健康経営」』、『ヘルスケア・イノベーション』、『改訂 最強戦略としての健康経営』、『入門ビューティー・ビジネス』、他健康経営に関する著作、論文多数。

北田千晶（きただ　ちあき）………………………第 1 章執筆
2017 年カゴメ株式会社に入社し、従業員の健康に関する研究やベジチェック®の開発に従事。2019 年より健康事業部でベジチェック®や管理栄養士ラボ®をはじめとする健康サービスのコンテンツ開発や健康教育に関する研究を担当。
2022 年日本健康教育学会学術大会にて「野菜摂取量と労働生産性における検討」が学会長優秀賞（小橋賞）を受賞。
2023 年産業ストレス研究にて、論文「野菜摂取量と健康経営評価指標における関連性の検討」が掲載。
管理栄養士。

加藤大一朗（かとう　だいいちろう）…………第 2 章執筆
パーソルワークスデザイン株式会社　人事ソリューション本部　本部長。ISO30414 リードコンサル・アセッサー。

2001年パーソルキャリア株式会社入社。人材紹介、人事（採用・教育）、アウトソーシング（就職支援、被災地支援、採用代行など）の企画・管理に携わる。2019年よりパーソルワークスデザイン株式会社にて採用代行サービスの責任者に着任。2021年より採用代行部門とヘルスケア部門の責任者として現職に着任。

水越真代（みずこし　まさよ）……………………第3章執筆
健康企業推進サポート　シャイニング・ライフ　代表。
尾張旭市役所にて保健師として入職。看護学修士取得後、商業施設での健康支援研究の運営・実施に携わる。来店者から「うちの旦那にも健康の話を聞かせたい」との声から、中小企業で働く人々に健康支援が届いていないことに気づき、2012年開業。以来、中小企業に働く「人と組織」への健康支援を実施している。
論文：「中小企業における健康経営・産業保健の導入によるヘルスリテラシー等への影響～開業保健師による外部支援初年度の取り組み」「中小企業における健康経営優良法人取得と産業保健との関連」
保健師・看護師、労働衛生コンサルタント、キャリアコンサルタント、健康経営エキスパートアドバイザー

磯野彰彦（いその　あきひこ）……………………第4章共同執筆
昭和女子大学・キャリア支援センター長、同・グローバルビジネス学部会計ファイナンス学科特任教授。
1978年早稲田大学政治経済学部政治学科卒業、毎日新聞入社。福島支局、東京本社社会部、同経済部、政治部、大阪本社経済部、労働組合本部執行委員長、大阪本社経済部長、中部本社編集制作総務、デジタルメディア局長、新聞研究本部長兼紙面審査委員長兼「開かれた新聞委員会」事務局長を経て、2011年4月から昭和女子大学。主に学生の就職活動支援に携わる。日本インターンシップ学会員。

共著に『新　現場からみた新聞学』、『不良債権処理の政治経済学』、『日本の課長―名もなきサラリーマンたちの奮戦記―』、インターンシップやメディア関係についての論文多数。

鈴木歩弥（すずき あゆみ）……………………第4章共同執筆
昭和女子大学在籍中に健康経営訪問プロジェクトに2回参加。
昭和女子大学卒業後、健康経営銘柄を取得した小売業の会社へ就職。
退職後、再度健康経営訪問プロジェクトにアシスタントとして1度参加。
その後、新井氏が所属する大学で半年間アシスタント業務を務める。
任務を終えた後に調査会社に就職し、現在に至る。

石川文子（いしかわ あやこ）……………………第6章執筆
山野美容芸術短期大学・専任准教授。
山野美容芸術短期大学卒業後、美容師取得とともに美容室に勤務。
その後、山野美容芸術短期大学の美容実習教員として10年間母校の美容教育・学生支援に携わる。
女性の髪型について様々な視点から研究を継続している。

2024年7月30日　初版第1刷発行

健康経営・ヘルスケア・ビューティの研究

編　集　新　井　卓　二

著　者　北　田　千　晶
加　藤　大一朗
水　越　真　代
鈴　木　歩　弥
磯　野　彰　彦
石　川　文　子

発行者　脇　坂　康　弘
発行所　株式会社同友館
〒113-0033　東京都文京区本郷2-29-1
TEL. 03(3813)3966
FAX. 03(3818)2774
URL https://www.doyukan.co.jp/

乱丁・落丁はお取替えいたします。
三美印刷／松村製本所
ISBN 978-4-496-05727-4
Printed in Japan